1枚の着物から2着できる いちばんやさしい 着物リメイク

松下純子
Wrap Around R.

PHP

もくじ

Lesson 1
1枚の着物でワードローブ

タックブラウス
写真 P.4　作り方 P.28

ギャザーブラウス
写真 P.5　作り方 P.31

半幅ブラウス
写真 P.5　作り方 P.35

しぼりブラウス 長袖
写真 P.6　作り方 P.42

しぼりブラウス
八掛
写真 P.6　作り方 P.37

しぼりワンピース
写真 P.7　作り方 P.37

スカーフリボン
写真 P.6
作り方 P.44

バンブーバッグ
写真 P.7　作り方 P.45

ふわりチュニック
写真 P.8　作り方 P.46

ふわりワンピース
写真 P.8　作り方 P.46

パジャマブラウス
八掛・胴裏
写真 P.9
作り方 P.47

スカーフリボン
写真 P.8　作り方 P.44

パジャマパンツ
八掛・胴裏
写真 P.9　作り方 P.58

着物の名称とほどき方 P.22	手縫いの基本 P.25
ほどいた着物地の洗い方 P.24	ミシン縫いの基本 P.26
着物リメイクで使う道具 P.24	裁ち図と作り方の図の見方 P.27
ほどいた着物地をまっすぐ裁つ P.25	ラップスカート・家紋ジャケット・家紋バッグ 黒留袖のセットアップの裁ち方・ほどき方 P.64

Lesson 2
1枚の着物でセットアップ

—— 普段着物でセットアップ ——

はなやぎブラウス
写真 P.10
作り方 P.52

はなやぎブラウス 衿つき
写真 P.12
作り方 P.52

ワイドパンツ
写真 P.10　作り方 P.58

ギャザースカート
写真 P.12　作り方 P.62

—— 黒留袖でセットアップ ——

ラップスカート
写真 P.14　作り方 P.65

家紋ジャケット
写真 P.14　作り方 P.68

家紋バッグ
写真 P.15　作り方 P.72

たゆみブラウス
胴裏
写真 P.15　作り方 P.73

Lesson 3
着物の種類別リメイクアイデア

—— 紬でコート・パンツにアレンジ ——

つむぎコート
写真 P.16　作り方 P.76

つむぎパンツ かさね
写真 P.17　作り方 P.81

—— 染めの表・裏でアレンジ ——　　—— 縞織物のたて・よこでアレンジ ——

はおりベスト

後染め
表ショート丈
写真 P.18　作り方 P.86

後染め
裏ロング丈
写真 P.19　作り方 P.86

ストライプローブ

たて縞
ロング丈
写真 P.20　作り方 P.91

よこ縞
袖つきショート丈
写真 P.21　作り方 P.91

Lesson 1
1枚の着物で ワードローブ

1枚の着物地から、ブラウスやチュニック、ワンピースなど、毎日を彩るワードローブをそろえてオシャレを楽しみましょう。あまった布で小物、八掛(はっかけ)や胴裏(どううら)でパジャマも作れます。

タックブラウス
作り方 P.28

スクエアネックの中心と肩先にタックをほどこし、立体感のあるデザインに。丸みのあるフレンチスリーブは、気になる二の腕もしっかりカバー。

ギャザーブラウス
作り方 P.31

衿ぐりにゴムを入れるだけで、可愛らしい表情のギャザーネックのブラウスが完成。袖幅にもボリュームをもたせて、ふんわりシルエットを楽しんで。

半幅ブラウス
作り方 P.35

あまりがちな衿やおくみなどの半幅の着物地をつないで身頃を仕立てたブラウス。5分丈の袖で、ほどよい抜け感も演出。使用した着物地は凸凹状のシボが風合いある縮緬。

あまった布で作る
スカーフリボン
作り方 P.44

しぼりブラウス 長袖

作り方 P.42

抜け感のあるVネックのブラウスは、袖口をゴムで、脇をリボンでしぼるなど、こだわりのディテールが満載。少し厚手の正絹の着物地で仕立てると、ラインがきれい。

しぼりブラウス 八掛

作り方 P.37

少ししかとれない八掛を活用した、裾リボンが愛らしいフレンチスリーブのブラウス。薄手の正絹は、ジャケットのインナーなどコーディネートに彩りをプラス。

しぼりワンピース
作り方 P.37

しぼりブラウス（八掛）の丈を長くした爽やかな印象のワンピースは、裾のゴムギャザーがアクセントに。着物地を4枚縫い合わせ、衿ぐりを内側に折るだけなので作り方はかんたん。

バンブーバッグ
作り方 P.45

あまった布で作る
スカーフリボン
作り方 P.44

ふわりチュニック
作り方 P.46

ウエストのダーツやゆるやかなVの衿ぐりなど、美しいラインを表現したフェミニンなデザインのチュニック。華やかな古典柄の着物地は、やわらかな正絹。

ふわりワンピース
作り方 P.46

ふわりチュニックの丈を長くして、後ろにスリットを入れたワンピース。ウエストには、あまった布で作ったスカーフリボンを巻いて愛らしさをプラス。

パジャマブラウス＆パジャマパンツ
八掛・胴裏

作り方 ブラウス P.47 ／ パンツ P.58

着物の裏地まで使いきり、肌ざわりのいい絹のパジャマにアレンジ。胴裏の白い羽二重(はぶたえ)は薄手で肌が透けやすいので、気になる部分を色無地の八掛でカバー。

Lesson 2
1枚の着物でセットアップ

1枚の着物から上下そろいのセットアップにリメイク。スーツとしてだけでなく、トップスとボトムスをそれぞれ着まわして、シーンに合わせてコーディネートしましょう。

普段着物でセットアップ

はなやぎブラウス＆ワイドパンツ

作り方 ブラウス P.52 ／ パンツ P.58

フレアの袖口が可愛いブラウスに、幅広ながらもすっきりシルエットのワイドパンツの組み合わせ。渋い紫に可憐な花柄をあしらった、レトロ感あふれる着物地は正絹。

アンクル丈のパンツは、スウェットなどのスポーティな
アイテムと合わせれば軽快な雰囲気に。
ウエストゴムではき心地も、動きやすさも抜群。

シンプルなデザインと落ち着いた色味の
着まわし力の高いブラウス。
カジュアルなデニムと合わせても上品で素敵。

左右の裾を少しつめた丸みのあるシルエットのスカート。
無地の着物地には大胆な柄のアイテムを合わせ、
スタイリッシュなコーディネートに。

前身頃の裾にタックでふんわり感を出した
ブラウス。細みのパンツと合わせてメリハリ
のきいたシルエットを楽しんで。

普段着物でセットアップ

はなやぎブラウス 衿つき ＆ギャザースカート

作り方 ブラウス P.52 ／ スカート P.62

袖のフレアにボリュームをもたせ衿をつけたブラウスに、マキシ丈のスカートを合わせた、愛嬌のあるセットアップ。使用した着物地は、からし色と黒の糸で織った縮緬。

黒留袖でセットアップ

家紋ジャケット　&ラップスカート

作り方 ジャケット P.68 ／ スカート P.65

美しい刺繍(ししゅう)が印象的な黒留袖を、ハレの日にふさわしいエレガントなスーツにリメイク。着物をそのまま裁って仕立てるので、作り方はかんたん。

フォーマルな黒留袖のスカートにラフなアイテムを合わせて、遊び心ある普段使いも楽しんで。

ちょっとしたお出かけ時にも、さらっと羽織れるジャケット。背の家紋がほどよいアクセントに。

たゆみブラウス
胴裏

作り方 P.73

白い羽二重の胴裏はインナーなどに重宝するブラウスに。前身頃の幅を長めにとって、衿もとにドレープ感をプラス。

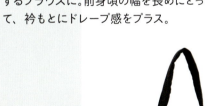

家紋バッグ
作り方 P.72

Lesson 3
着物の種類別リメイクアイデア

着物地は織り方や染め方によって種類がたくさん。それぞれの素材の特徴に合わせた着物リメイクのアイデアを紹介します。

つむぎコート
作り方 P.76

繭を真綿にして紡いだ糸を先染めした紬は、ざっくりとした風合いをいかして温かみのあるコートに。実用性とデザイン性を兼ねた、大きめのポケットもポイント。

紬でコート・パンツにアレンジ

つむぎパンツ
かさね

作り方 P.81

耐久性に優れた厚手の紬は、ボトムスのリメイクにぴったりの着物地。足首にかけて少しずつ細くなっていくシルエットで、軽やかでマニッシュな印象のパンツが完成。

染めの表・裏でアレンジ
はおりベスト
作り方 P.86

エキゾチックな更紗模様の表側と、下絵の輪郭がおもしろい表情の裏側の後染め着物地。作り方が同じベストは、表・裏と着丈を変えて違いを楽しんで。

表 / 裏

後染め
表ショート丈

染めの表側はカジュアルな雰囲気のショート丈のベストに。
ポケットとチャイニーズボタンで着こなしにアクセントをプラス。

後染め
裏ロング丈

エレガントなイメージのロング丈の
ベストは、染めの裏側を活用。
まっすぐなラインが気になる体形を
カバーしてくれる。

たて縞
ロング丈

着物地をたて方向にとった、
スッキリ感のあるロング丈のローブ。
フロントにリボンをつけて、羽織として
もワンピース風に着こなしても可愛い。

縞織物のたて・よこでアレンジ

ストライプローブ
作り方 P.91

江戸時代から粋な柄として親しまれてきた縞の着物地は、たて・よこの方向をいかしてリメイク。重ね着しやすいデザインのローブは、たてをロング、よこをショートに袖をつけてアレンジ。

> よこ縞
> 袖つき
> ショート丈

ショート丈は着物地をよこ方向にとることで、作り方の手順が少なくかんたん。裾のギャザーやワイドな袖でゆったり、着心地もらくちん。

着物の名称とほどき方

基本的な着物の名称を覚えておくとリメイクの際に役立ちます。
着物はゆっくりと丁寧にほどき、素敵なワードローブを作りましょう。
（1枚の着物でセットアップの黒留袖はP.64参照）

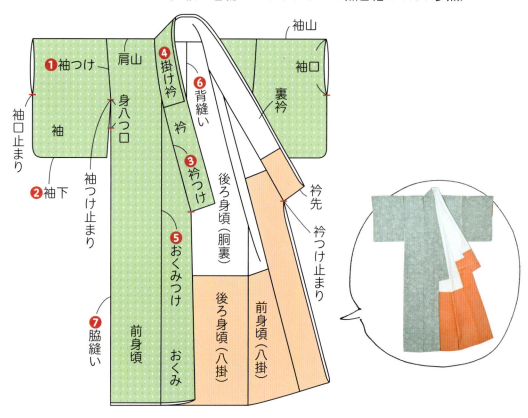

ほどく順番

❶袖つけ→❷袖下→❸衿つけ→❹掛け衿→❺おくみつけ→❻背縫い→❼脇縫い

袖つけと袖下、衿と掛け衿、おくみをほどき、着物の身頃からはずす（このとき、裏地も一緒にはずしておく）。次に残った身頃の背、脇の順にほどく。

着物地の状態をチェックする

❶シミや破れなど、全体をチェックする（マスキングテープで印をつける）。

❷片側の袖だけをほどき、袖のたてとよこの寸法をはかる。

❸ほどいた袖を洗う。
※乾いたら寸法をはかり、❷の寸法と比べて5cm以上縮んだ着物は、リメイクには適していません。

ほどいた着物地と目安の寸法

ほどいた着物は、下の図のような布にわかれます。

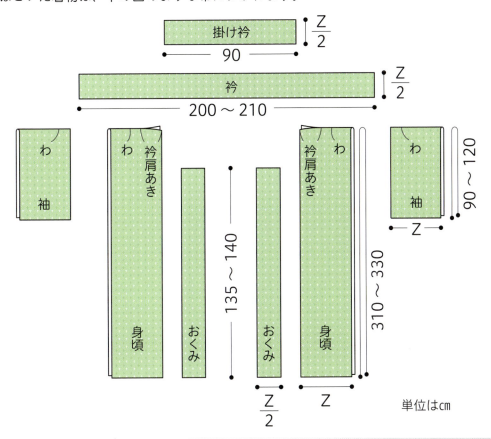

着物地の幅 Z の標準寸法

$Z = 36 \sim 38$ cm

- 身頃・袖 = Z
- 衿・掛け衿・おくみ = $\dfrac{Z}{2}$

【注意】
- 着物によって多少寸法が異なります。
- 衿・掛け衿・おくみの幅が、身頃の $\dfrac{Z}{2}$ の幅と異なる場合があります。作り始める前に必ず幅を確認し、幅が広い場合は身頃の $\dfrac{Z}{2}$ の幅になるように切っておきましょう。
- 裁ち図で指定している部分の長さがたりなかったり、汚れやキズがあったりして使えないときは、同じ寸法がとれるほかの部分を使いましょう。

糸の切り方

❶リッパーはとがった長い先端を下にして、握りバサミは刃先で糸を引き上げる。とがった先端を布にひっかけて切ってしまわないように注意する。

❷❶で引き上げた糸を引っぱりながら手で切る作業を繰り返してほどいていく。布が劣化して糸の滑りが悪いときは、リッパーや握りバサミで切りながらほどく。

※身八つ口のつけ止まり（かんぬきどめ）や、袖表布の裏のあて布部分はしっかりととめられているので、丁寧にほどく。

ほどいた着物地の洗い方

ほどいた着物地は重曹で丁寧に洗いましょう。

用意するもの

重曹、液体せっけん、クエン酸
※重曹やクエン酸がない場合は、おしゃれ着用の中性洗剤で水洗いしましょう。

❶タライやバケツなどを用意し、約1.5Lのぬるま湯（約30度）に、重曹と液体せっけんを大さじ1ずつ溶かし入れる。

❷ほどいた布を四角にたたんで、❶に約10分つける。
※色落ちが激しいときは、すぐに引き上げ、水に❶と同量の重曹と液体せっけんを混ぜ合わせたものに約3分つける。

❸❷をよくすすぎ、約0.8Lの水にクエン酸ひとつまみを入れる。約3分つけたあと、タオルに包んで軽く押してしぼる。

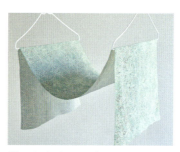

❹ぬれたままの布に軽くアイロン（中温）をかけ、布が重ならないように、陰干しをする。

❺乾いたら、再度アイロン（中温）をかけ、しっかりとシワをのばす。※スチームにしない。

着物リメイクで使う道具

本書で紹介する作品を作るときに使う道具と材料を紹介します。

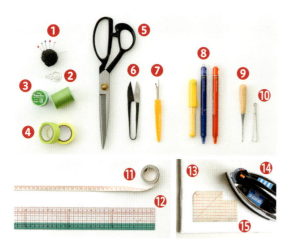

❶ピンクッション・手縫い針（普通地用）・マチ針　❷手縫い針用糸通し　❸手縫い糸（スパン糸がおすすめ）　❹マスキングテープ（着物のシミや表裏、ミシンの縫い代の目印に使用）　❺裁ちバサミ　❻握りバサミ　❼リッパー　❽印つけ用のペン（チャコペンのほかに、こすって消えるボールペンもアイロンの熱で消える）　❾目打ち（縫い返した角を出すなど、細かい作業用）　❿紐通し　⓫メジャー　⓬方眼定規（30cm以上のものが便利）　⓭アイロン台　⓮アイロン　⓯アイロン定規（三つ折りをするときにはかりながらアイロンがあてられる）
※ミシン・ミシン針・ミシン糸　P.26 参照

ほどいた着物地をまっすぐ裁つ

裁ち図の寸法を参照し、着物地の裏に直接印つけ用のペンなどで線を引いて、まっすぐ裁ちます。

印つけ

裁ち図に記載されている寸法を定規やメジャーではかり、3点に印をつける。3点を結んでまっすぐ線を引く。

裁断

水平な作業台の上に布を広げて、裁ちバサミの下刃を作業台につけ、布に対して垂直に上刃をおろして、裁ちすすめる。ワンピースなど長い布を裁つときは、布を二つ折りにして裁断する。

×NG

布と裁ちバサミを浮かせたり、刃を傾けたりするとゆがむ。

手縫いの基本

着物のように手縫いで作る場合、4つの基本の縫い方で本書の作品を作ることができます。丁寧に針をすすめましょう。

並縫い

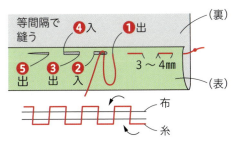

表裏を等間隔の縫い目でまっすぐ縫う、手縫いの基本。二つ折りや三つ折りに用いる。

本返し縫い

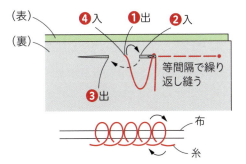

ひと針ずつ後ろに戻りながら縫いすすめる。布と布を合わせて縫うときに用いる。

コの字縫い

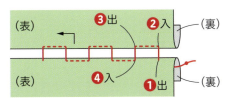

2枚の布の縫い目を見せず、コの字を描くように縫い代をぴったりととじ合わせる。返し口をとじるときなどに用いる。

まつり縫い

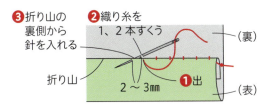

縫い目が表から目立たないので、スカートやパンツの裾上げなどに用いる。

25

ミシン縫いの基本

ミシンでの縫い方の基本を紹介します。
実際に使う着物地と糸で試し縫いをしてから始めましょう。

ミシンについて

直線縫い、あら縫い、ジグザグ縫いの3種類で作る。両手で布を扱うことができるフットコントローラがあるとミシンがけが安定するのでおすすめ。

ミシン針と糸の関係

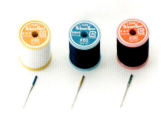

布の厚さ	ミシン針	ミシン糸
薄地	9号	90番
普通地	11号	60番
厚地	14号	30番

多くの着物地は、針11号と糸60番で縫えるが、上表のように布の厚みに合わせて針と糸を替える。糸の色は、縫い目が目立たないように布に近い色を、柄布はいちばん多い色を、薄い色の布は1トーン明るい色、濃い色の布は1トーン暗い色を選ぶといい。

ミシンでまっすぐに縫う裏技 →

ミシンの針がおりるところから縫い代分はなれたところに、約5㎝長さのマスキングテープを貼る。テープに沿って布をすすめると、まっすぐに縫える。

直線縫い

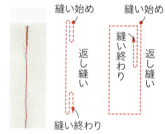

約2㎜の目で縫う基本の縫い目。糸がほどけないよう、縫い始めと終わりは約1㎝返し縫いする。
※図右は1周縫う場合。

あら縫い

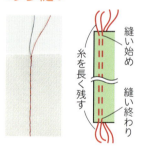

ギャザーを縫うときなど、約4㎜の目で縫うあら縫い。縫い始めと終わりは返し縫いをせず、糸を長く残す。

布端のほつれを防ぐ縁かがり縫い

裁断した布端を縁かがり縫いする。ロックミシンがない場合は、家庭用ミシンでジグザグ縫いする（手縫いの場合は布の端から2〜3㎜を並縫い）。

布の量が少ないときには、市販のほつれ防止剤を使う。筆タイプがおすすめ。

マチ針のとめ方

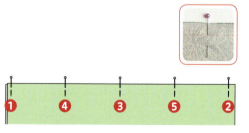

マチ針は、縫う方向に対し垂直に布にとめるのが基本。❶縫い始めと❷終わり、❸中間、❹❺の合印にとめる。マチ針をなくすと危ないので、本数が管理しやすい5本くらいが目安。

裁ち図と作り方の図の見方

型紙を使用せず、裁ち図をもとに着物地を裁断し、アイテムを縫っていきます。
作り始める前に図の見方を押さえておきましょう。

基本の表記と記号

- 布裏は ▢ 色
- 布表は ▢ 色
- 単位は cm
- ←→ 布のたて地の方向
- ✎ 印つけ
- ～～～ 縁かがり縫い（ジグザグ縫い・ロックミシン）
- ------ 解説している縫い線
- ------ 縫い終えた線
- ●----- 縫い止まり
- —・— 中心線
- ～～ 長さを省略
- ▨▨ 伸びどめテープ
- アイロンをかける
- 寸法をはかる

裁ち図の見方

【例】P.46 ふわりチュニック

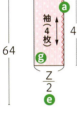
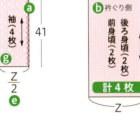

【例】P.52 はなやぎブラウス 衿つき

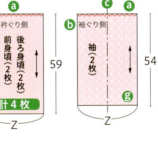
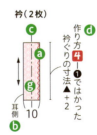

ポイント

- **a** 縁かがり縫いする位置
  ※裁断側を始末する場合や耳側は縁かがり縫いは不要
- **b** 縁かがり縫いの位置に指定がある場合のみ記載
- **c** 中心線は、二つ折りにする場合のみ記載
- **d** 作業工程内で採寸した寸法をもとに裁断する場合に記載
- **e** 着物地の半幅に裁断する
- **f** マチは伸びどめテープを貼ったあとに裁断する
- **g** 製図を見やすくするための模様

作り方の図の見方

【例】P.39 しぼりブラウス 八掛

【例】P.36 半幅ブラウス

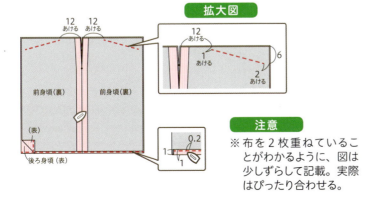

※（ ）内の指定ページを必ず参照する。

※布を2枚重ねていることがわかるように、図は少しずらして記載。実際はぴったり合わせる。

Lesson 1　1枚の着物でワードローブ

※単位はcm
Zは着物幅（幅は着物によって異なる）
←→ 布のたて地の方向
～～～ 縁かがり縫い（裁ち図のみに記載）

----- 解説している縫い線
----- 縫い終えた線
●--- 縫い止まり
—・— 中心線

タックブラウス

55

写真 P.4

材料
● 着物地

裁ち図 ✂

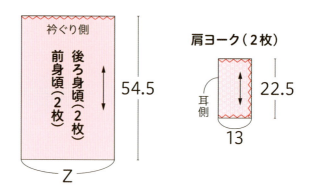

衿ぐり側
後ろ身頃（2枚）
前身頃（2枚）
54.5
Z

肩ヨーク（2枚）
耳側
22.5
13

作り方

1 身頃の中心を縫う

❶前身頃を中表に合わせ、中心を縫う

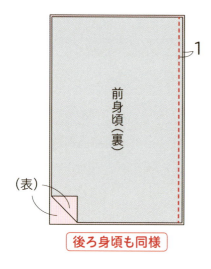

1
前身頃（裏）
（表）
後ろ身頃も同様

2 肩ヨークを縫う

❶肩ヨークの衿ぐり側を折って縫う

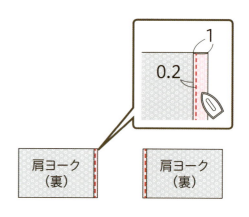

1
0.2
肩ヨーク（裏）　肩ヨーク（裏）

28

3 身頃と肩ヨークを縫い合わせる

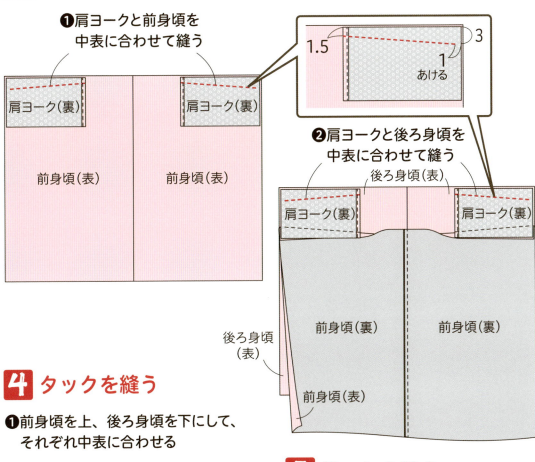

4 タックを縫う

❶前身頃を上、後ろ身頃を下にして、それぞれ中表に合わせる

5 衿ぐりを縫う

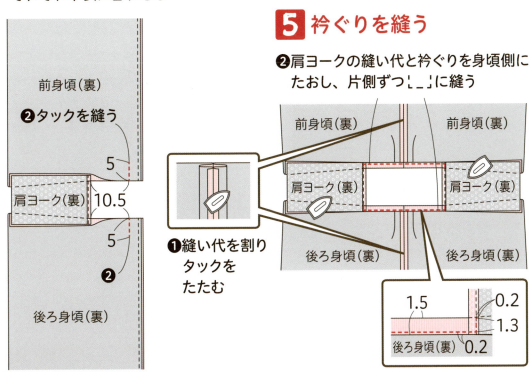

6 脇と袖ぐり、タックを縫う

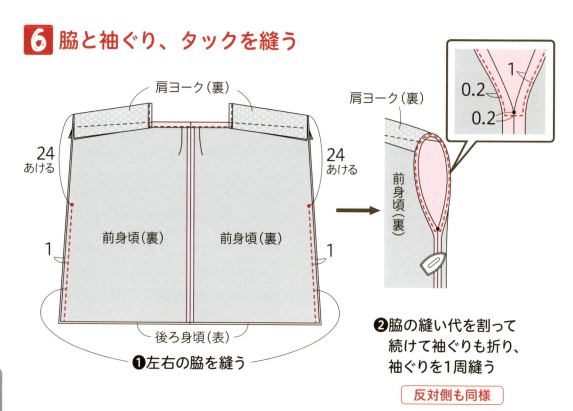

7 裾を縫う

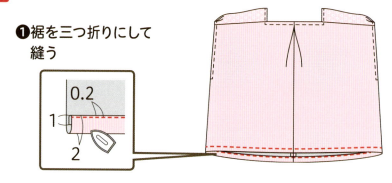

Lesson 1　1枚の着物でワードローブ

※単位はcm
Zは着物幅（幅は着物によって異なる）
↕ 布のたて地の方向
〰〰 縁かがり縫い（裁ち図のみに記載）

----- 解説している縫い線
----- 縫い終えた線
●--- 縫い止まり
—・— 中心線

ギャザーブラウス

写真 P.5

材料
- 着物地
- 0.8cm幅の平ゴム
  …18cm × 2本

裁ち図 ✂

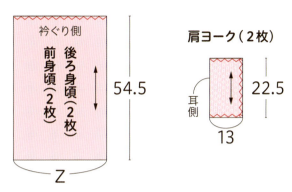

前身頃・後ろ身頃（2枚） 54.5　衿ぐり側　Z

肩ヨーク（2枚） 22.5 / 13　耳側

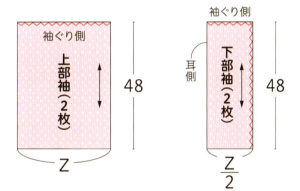

上部袖（2枚） 48　袖ぐり側　Z
下部袖（2枚） 48　袖ぐり側　Z/2　耳側

作り方

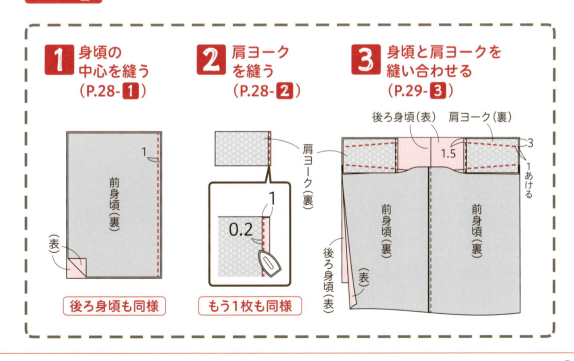

1. 身頃の中心を縫う（P.28-1）
   前身頃（裏） （表） 1
   後ろ身頃も同様

2. 肩ヨークを縫う（P.28-2）
   肩ヨーク（裏） 1 / 0.2
   もう1枚も同様

3. 身頃と肩ヨークを縫い合わせる（P.29-3）
   後ろ身頃（表） 肩ヨーク（裏） 1.5 / 3 / 1あける
   前身頃（裏） 後ろ身頃（表）

31

4 衿ぐりを縫い、平ゴムを通す

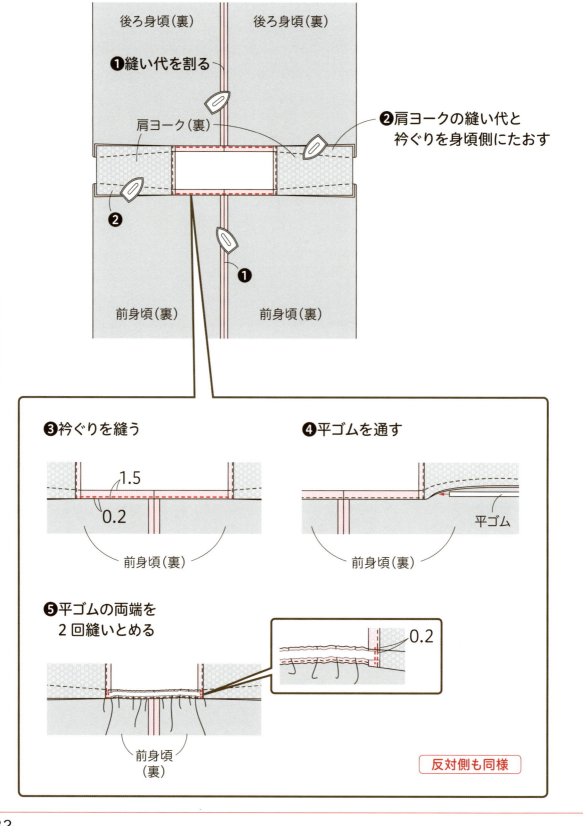

5 袖を作り、タックを縫う

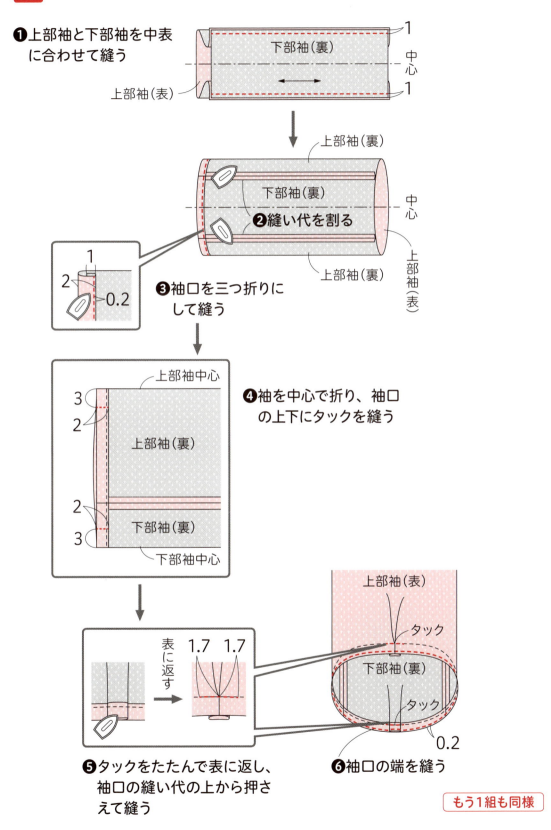

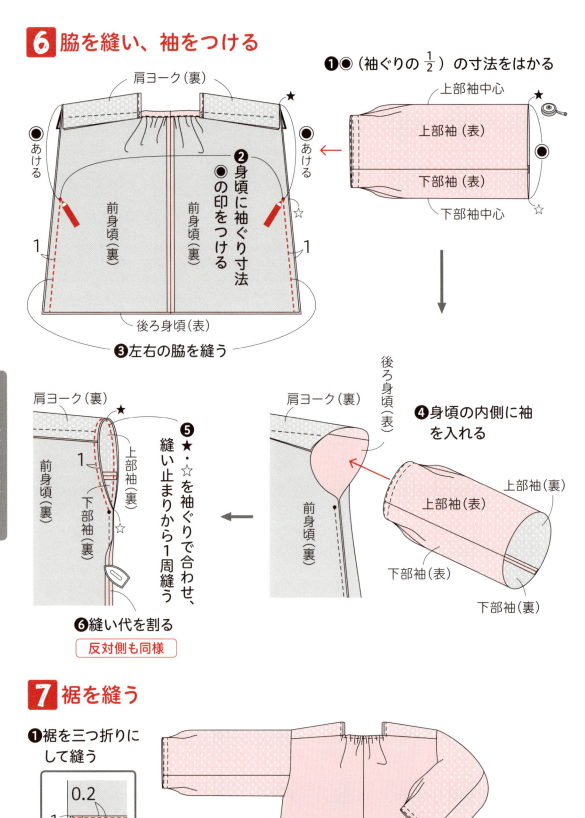

Lesson 1　1枚の着物でワードローブ

※単位はcm
Zは着物幅（幅は着物によって異なる）
↔ 布のたて地の方向
〜〜〜 縁かがり縫い（裁ち図のみに記載）
----- 解説している縫い線
----- 縫い終えた線
●---- 縫い止まり
—・— 中心線

半幅ブラウス

写真 P.5

材料
● 着物地

裁ち図 ✂

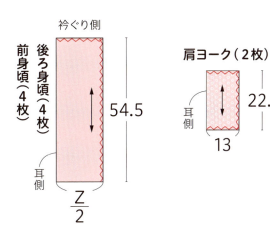

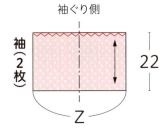

作り方

1　身頃を縫い合わせる

❶前身頃を中表に合わせ、身頃を4枚縫い合わせる

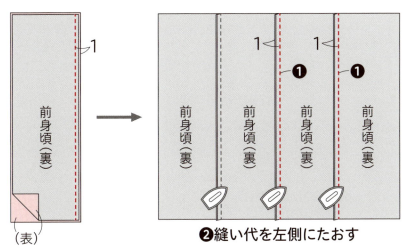

❷縫い代を左側にたおす

後ろ身頃も同様

35

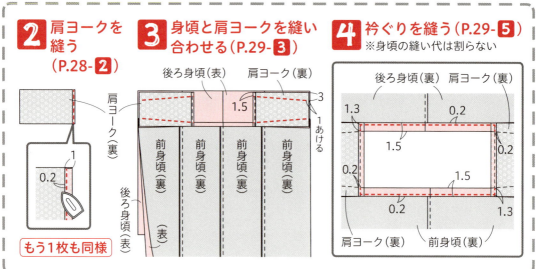

5 袖を作る

❶袖を中表に二つ折りにして袖下を縫う

❷縫い代を割る

❸袖口を三つ折りにして縫う

もう1枚も同様

7 裾を縫う

❶裾を三つ折りにして縫う

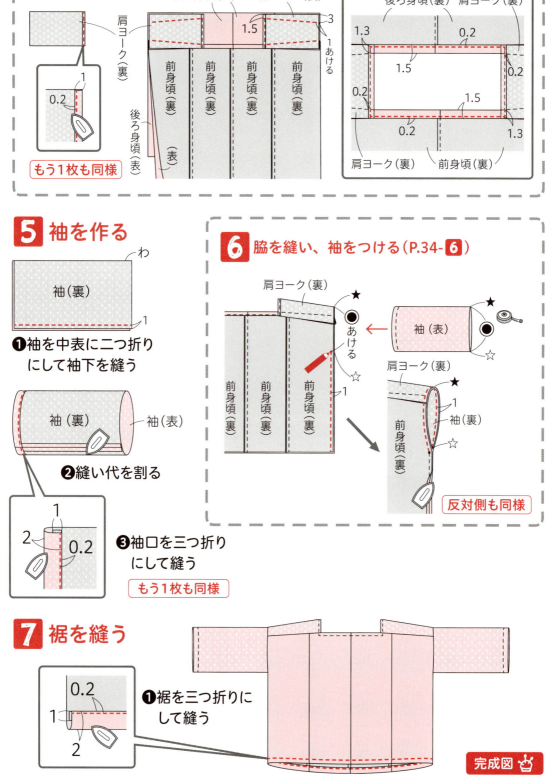

Lesson 1　1枚の着物でワードローブ

※単位はcm
Zは着物幅（幅は着物によって異なる）
←→ 布のたて地の方向
〰〰 縁かがり縫い（裁ち図のみに記載）

╌╌╌ 解説している縫い線
──── 縫い終えた線
●── 縫い止まり
─・─ 中心線

しぼりブラウス
八掛

60

写真 P.6

材料
- 着物地（作品は八掛）
- 1.2cm幅の伸びどめテープ（片面アイロン接着）…適宜
- リボン…45cm×4本

裁ち図 ✂

衿ぐり側
後ろ身頃（2枚）
前身頃（2枚）
63
Z

しぼりワンピース

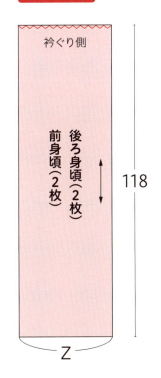

115

写真 P.7

材料
- 着物地
- 1.2cm幅の伸びどめテープ（片面アイロン接着）…適宜
- 0.8cm幅の平ゴム…25cm×2本

裁ち図 ✂

衿ぐり側
後ろ身頃（2枚）
前身頃（2枚）
118
Z

MEMO
片面にアイロン接着剤のついた平織りのテープ

伸びどめテープ

衿ぐりなど、斜めに縫うとき伸びどめテープを貼っておくと、布の伸びをおさえて縫いやすくなります

37

作り方 しぼりブラウス・しぼりワンピース共通

1 身頃の中心を縫う

❶前身頃に中心の縫い代線と縫い止まりの印をつける

後ろ身頃も同様

❷前身頃を中表に合わせ、中心の縫い代線に沿って縫う

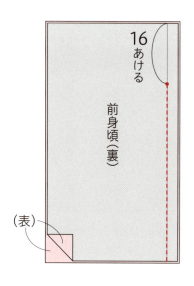

後ろ身頃も同様

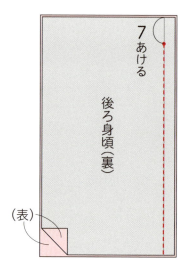

2 前・後ろ身頃を合わせて肩を縫い、裾を縫う

❶前・後ろ身頃を中表に合わせ、左右の肩を縫う

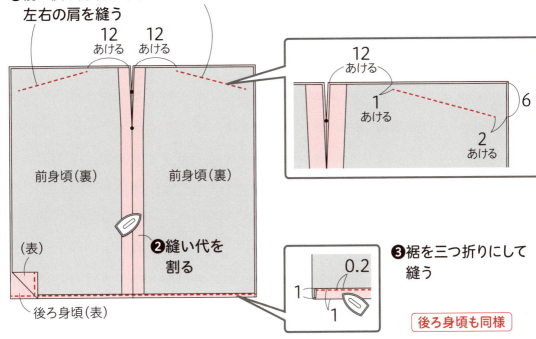

❸裾を三つ折りにして縫う

後ろ身頃も同様

3 衿ぐりを折る

❶肩の縫い目の端から身頃の中心の縫い止まりにアイロンで折りめをつける

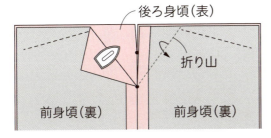

❷衿ぐりをひらき、折り山に沿って伸びどめテープを貼る

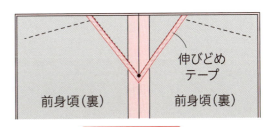

後ろ身頃も同様

❸衿ぐりを折り、肩の縫い代を割る

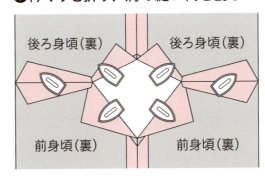

4 衿ぐりを縫う

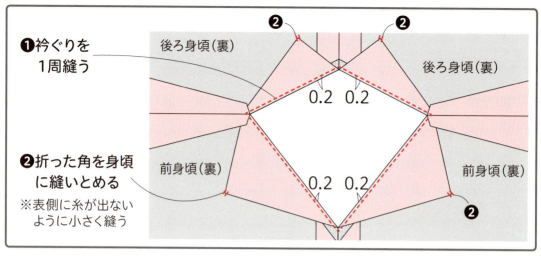

5 脇と袖ぐりを縫う

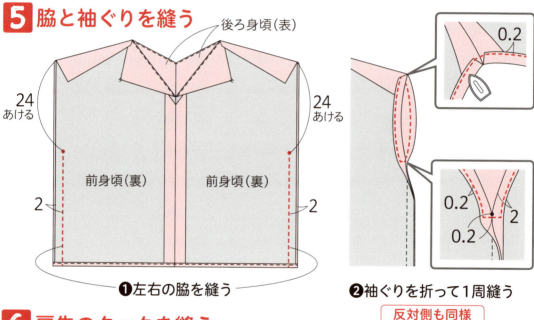

6 肩先のタックを縫う

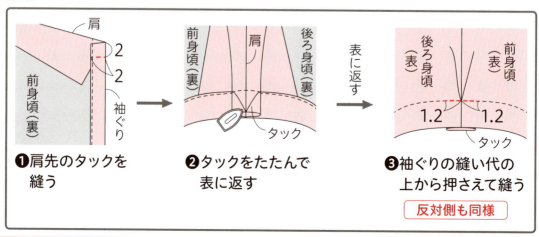

7 脇にリボン・平ゴムをつける

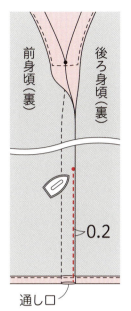

❶脇の縫い代を後ろ身頃側にたおし、通し口を縫う

反対側も同様

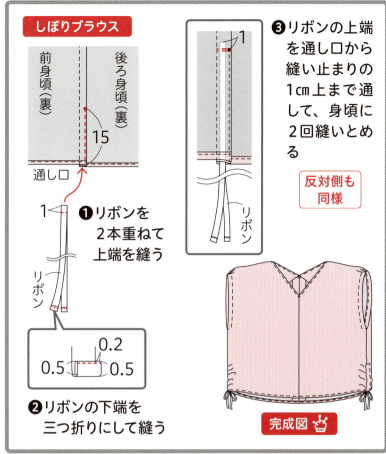

しぼりブラウス

❶リボンを2本重ねて上端を縫う

❷リボンの下端を三つ折りにして縫う

❸リボンの上端を通し口から縫い止まりの1cm上まで通して、身頃に2回縫いとめる

反対側も同様

完成図

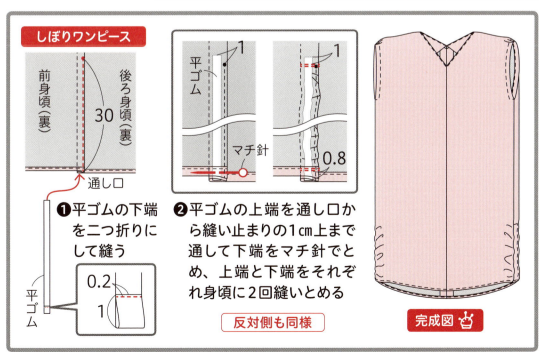

しぼりワンピース

❶平ゴムの下端を二つ折りにして縫う

❷平ゴムの上端を通し口から縫い止まりの1cm上まで通して下端をマチ針でとめ、上端と下端をそれぞれ身頃に2回縫いとめる

反対側も同様

完成図

Lesson 1　1枚の着物でワードローブ

※単位はcm
Zは着物幅（幅は着物によって異なる）
⟵⟶ 布のたて地の方向
〰〰 縁かがり縫い（裁ち図のみに記載）
----- 解説している縫い線
----- 縫い終えた線
●---- 縫い止まり
—・— 中心線

しぼりブラウス 長袖

60

写真 P.6

材料
- 着物地
- 1.2cm幅の伸びどめテープ（片面アイロン接着 P.37）…適宜
- 1.5cm幅の平ゴム…22cm×2本
- リボン…45cm×4本

裁ち図 ✂

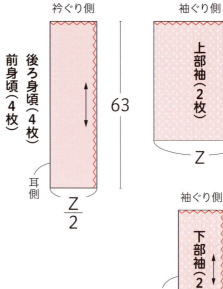

衿ぐり側　　　袖ぐり側

後ろ身頃（4枚）／前身頃（4枚）　63　耳側　Z/2

上部袖（2枚）　45　Z

下部袖（2枚）　45　耳側　Z/2

作り方

1　身頃を縫い合わせる

❶前身頃を2枚ずつ中表に合わせて縫う

❷前身頃を中表に合わせて中心を縫う

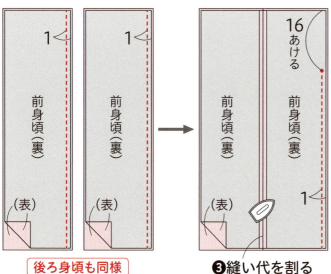

1　1
前身頃（裏）／前身頃（裏）
（表）（表）
後ろ身頃も同様

16あける
前身頃（裏）／前身頃（裏）
（表）
1
❸縫い代を割る

❹後ろ身頃を中表に合わせて中心を縫う

7あける
後ろ身頃（裏）／後ろ身頃（裏）
（表）
1
❺縫い代を割る

42

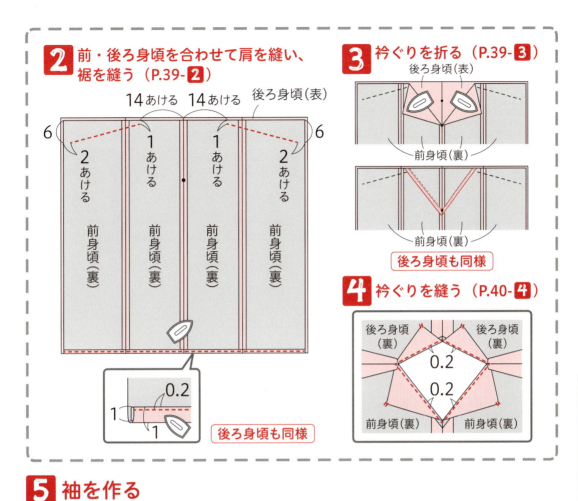

5 袖を作る

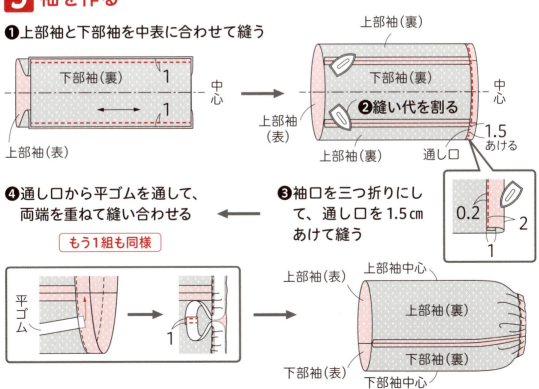

6 脇を縫い、袖をつける（P.34-6）

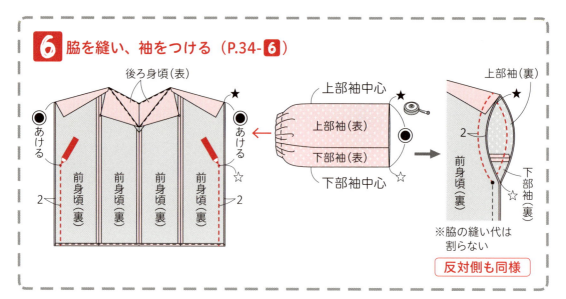

7 脇にリボンをつける（P.41-7）

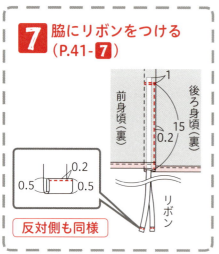

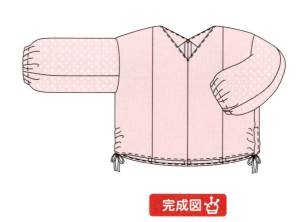

完成図

あまった布で作る

スカーフ リボン

写真 P.6
写真 P.8

材料
- 着物地

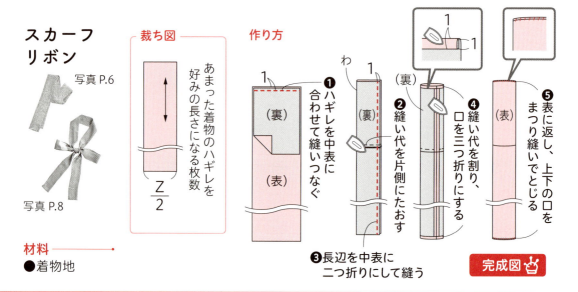

完成図

Lesson 1　1枚の着物でワードローブ

※単位はcm
Zは着物幅（幅は着物によって異なる）
⟷ 布のたて地の方向
〰〰 縁かがり縫い（裁ち図のみに記載）
- - - 解説している縫い線
――― 縫い終えた線
● 縫い止まり
—・— 中心線

バンブーバッグ

30

写真 P.7

材料
- 着物地
- 内袋用別布（綿）…裁ち図参照
- キルト芯（片面接着）…裁ち図参照
- 竹の持ち手（18cmの棒つき）…1組

裁ち図 ✂

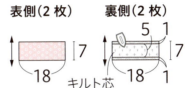

竹の持ち手　棒 18　21

外袋（2枚）　32　Z

持ち手布
表側（2枚）　18　7　キルト芯
裏側（2枚）　18　5　7　1

内袋用の布　キルト芯　1　62
内袋　60　Z　1

内袋と持ち手布裏側の生地の裏に、キルト芯を合わせ、キルト芯の縁4辺約1cmをアイロンで接着

作り方 ♛

❶外袋を中表に合わせて底辺を縫う

❷底辺の縫い代を割り、両端を縫う

❸両端の縫い代を割り、袋口を折る

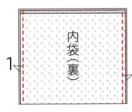
❹内袋を中表に二つ折りにして両端を縫う

❺両端の縫い代を割り、袋口を折る

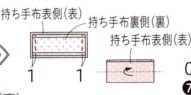
❻持ち手布表側と裏側を中表に合わせて両端を縫い、表に返す

❼持ち手の棒を挟んで二つ折りにして縫う
もう1組も同様

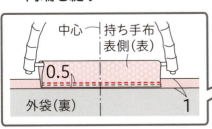
❽持ち手布を外袋の中心に合わせて縫う　**反対側も同様**

❾外袋を表に返して内袋を入れる

完成図 ♛
0.2
❿袋口を縫う

45

Lesson 1　1枚の着物でワードローブ

※単位はcm
Zは着物幅（幅は着物によって異なる）
↔布のたて地の方向
〜〜〜 縁かがり縫い（裁ち図のみに記載）
−−−− 解説している縫い線
−−−− 縫い終えた線
● 縫い止まり
—・— 中心線

ふわりチュニック

写真 P.8

材料
- 着物地
- 1.2cm幅の伸びどめテープ（片面アイロン接着 P.37）…適宜

裁ち図 ✂

衿ぐり側／後ろ身頃（2枚）／前身頃（2枚）　64　Z

肩ヨーク（2枚）　耳側　22.5　12

袖ぐり側　袖（4枚）　耳側　41　Z/2

マチ（1枚）　耳側　Z/2　28

※裏に伸びどめテープ（P.37）を貼って4枚に裁つ

ふわりワンピース

写真 P.8

材料
- 着物地
- 1.2cm幅の伸びどめテープ（片面アイロン接着 P.37）…適宜

裁ち図 ✂

衿ぐり側／後ろ身頃（2枚）／前身頃（2枚）　119　Z　120

肩ヨーク（2枚）　耳側　22.5　12

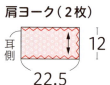

46

パジャマブラウス

八掛・胴裏

写真 P.9

裁ち図

前身頃（2枚）／後ろ身頃（2枚） 衿ぐり側 53 / Z 55

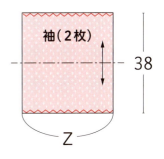
袖（2枚） 38 / Z

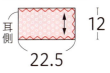
肩ヨーク（2枚） 12 / 22.5 耳側

材料
- 着物地（作品は前身頃…八掛、後ろ身頃・袖・肩ヨーク…胴裏）
- 1.2cm幅の伸びどめテープ（片面アイロン接着 P.37）…適宜

※パジャマパンツの作り方は P.58

作り方 ふわりチュニック・ふわりワンピース・パジャマブラウス共通

1 身頃の中心を縫う

❶前身頃に中心の縫い代線と縫い止まりの印をつける

前身頃（裏） 5 32

❷前身頃を中表に合わせ、中心の縫い代線に沿って縫う

前身頃（裏） 5 あける （表）

ふわりチュニック・パジャマブラウスは後ろ身頃も同様

ふわりワンピース

❸後ろ身頃は、スリットをあけて中心の縫い代線に沿って縫う

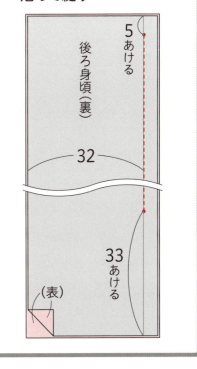
後ろ身頃（裏） 5 あける 32 33 あける （表）

2 身頃にダーツを縫う

※パジャマブラウスはダーツなし

ふわりチュニック・ふわりワンピース

❶縫い代を割り、ダーツの印をつける

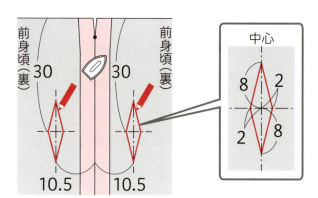

❷身頃をダーツの中心で中表に折ってダーツを縫い、縫い代を内側にたおす

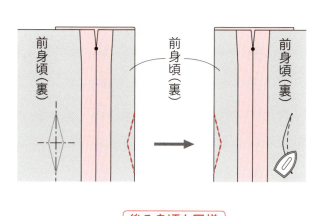

後ろ身頃も同様

3 肩ヨークを縫う

❶肩ヨークの衿ぐり側を折って縫う

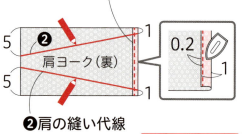

❷肩の縫い代線の印をつける

もう1枚も同様

❸肩ヨークと前・後ろ身頃を中表に合わせ、縫い代線に沿って縫う

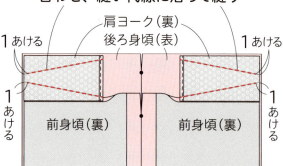

4 衿ぐりを縫う

❶肩の縫い目の端から身頃の中心の縫い止まりにアイロンで折りめをつける

❷衿ぐりをひらき、折り山に沿って伸びどめテープを貼る

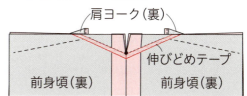
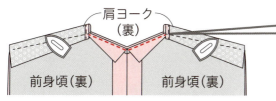

❸衿ぐりを折り肩ヨークの縫い代を身頃側にたおし、衿ぐりを縫う

❹折った角を身頃に縫いとめる
※表側に糸が出ないように小さく縫う

後ろ身頃も同様

5 袖を作る

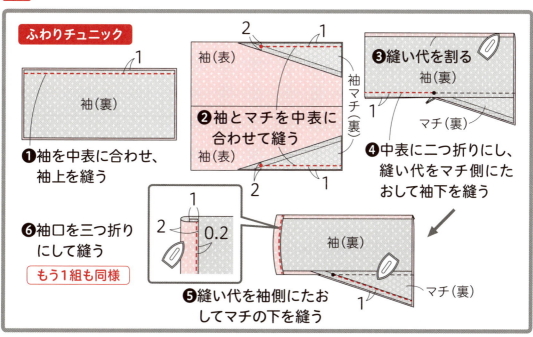

ふわりチュニック

❶袖を中表に合わせ、袖上を縫う

❷袖とマチを中表に合わせて縫う

❸縫い代を割る

❹中表に二つ折りにし、縫い代をマチ側にたおして袖下を縫う

❺縫い代を袖側にたおしてマチの下を縫う

❻袖口を三つ折りにして縫う

もう1組も同様

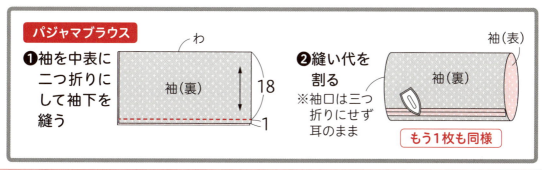

パジャマブラウス

❶袖を中表に二つ折りにして袖下を縫う

❷縫い代を割る
※袖口は三つ折りにせず耳のまま

もう1枚も同様

6 脇、袖ぐり、スリット、裾を縫う

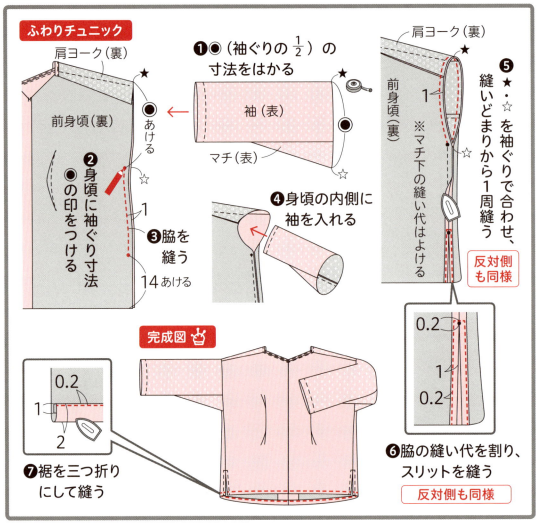

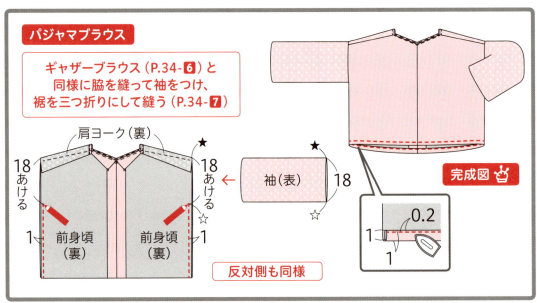

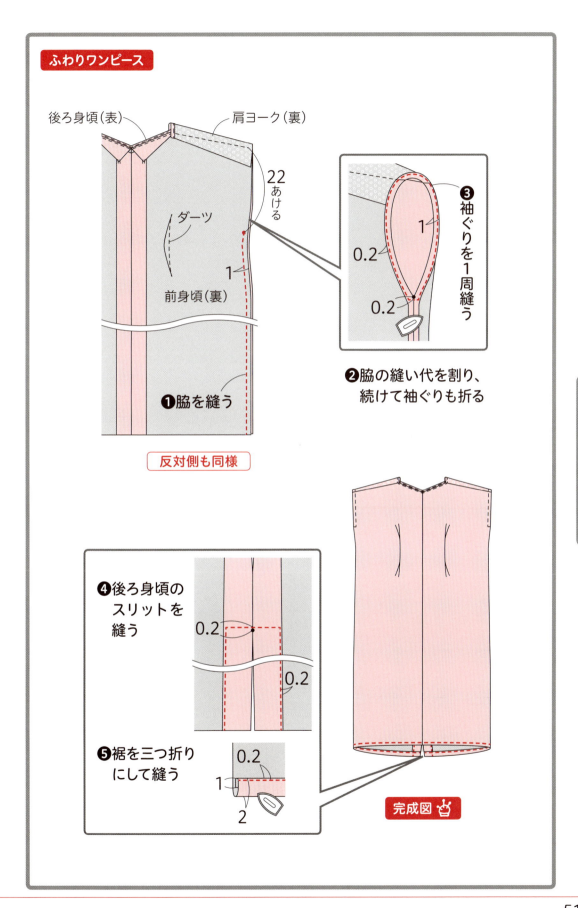

Lesson 2　1枚の着物でセットアップ

※単位はcm
Zは着物幅（幅は着物によって異なる）
↔ 布のたて地の方向
〰〰 縁かがり縫い（裁ち図のみに記載）
----- 解説している縫い線
―― 縫い終えた線
●―― 縫い止まり
―・― 中心線

はなやぎブラウス

写真 P.10

材料
- 着物地
- 1.2cm幅の伸びどめテープ（片面アイロン接着 P.37）…適宜
- 0.8cm幅の平ゴム …23cm×2本

裁ち図

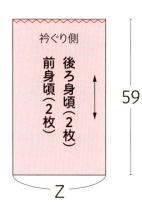

衿ぐり側／前身頃（2枚）／後ろ身頃（2枚）　59　Z

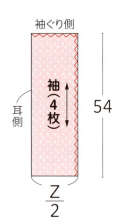

袖ぐり側／袖（4枚）　54　耳側　Z/2

56

はなやぎブラウス 衿つき

写真 P.12

材料
- 着物地
- 1.2cm幅の伸びどめテープ（片面アイロン接着 P.37）…適宜
- 0.8cm幅の平ゴム …23cm×2本

裁ち図

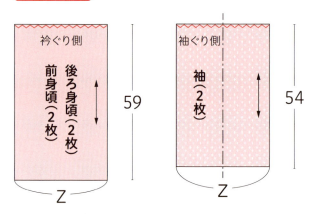

衿ぐり側／前身頃（2枚）／後ろ身頃（2枚）　59　Z
袖ぐり側／袖（2枚）　54　Z

56

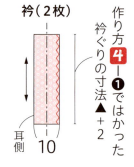

衿（2枚）　耳側　10
作り方 **4** ❶ ではかった衿ぐりの寸法▲+2

52

作り方　はなやぎブラウス・はなやぎブラウス 衿つき共通

1 身頃の中心を縫う

❶前身頃に中心の縫い代線と縫い止まりの印をつける

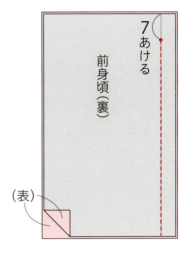

❷前身頃を中表に合わせ、中心の縫い代線に沿って縫う

後ろ身頃も同様

2 前・後ろ身頃を合わせて肩を縫う

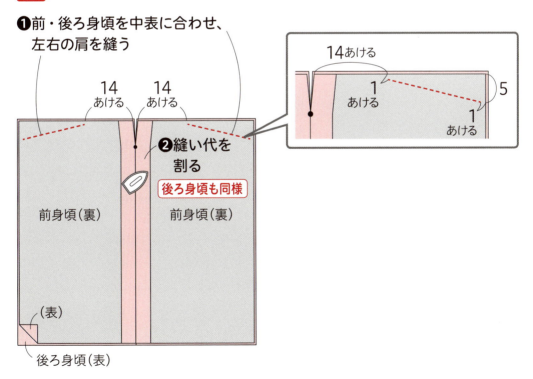

❶前・後ろ身頃を中表に合わせ、左右の肩を縫う

❷縫い代を割る

後ろ身頃も同様

3 衿ぐりを折る

❶肩の縫い目の端から身頃の中心の縫い止まりにアイロンで折りめをつける

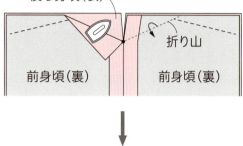

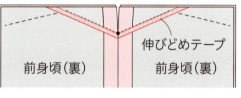

後ろ身頃も同様

❷折り山に沿って伸びどめテープを貼る

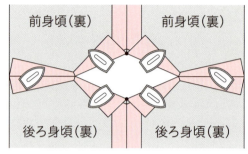

❸肩の縫い代を割り、衿ぐりを折る

4 衿ぐり・衿を縫う

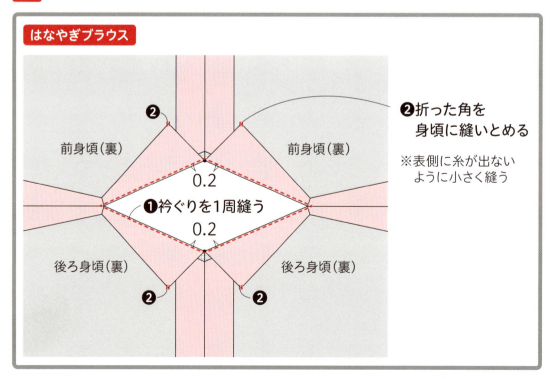

はなやぎブラウス

❶衿ぐりを1周縫う

❷折った角を身頃に縫いとめる

※表側に糸が出ないように小さく縫う

はなやぎブラウス 衿つき

❶ 衿ぐりに衿つけ線の印をつけ、A+B・C+D の寸法▲をそれぞれはかる

❷ 折った角を身頃に縫いとめる
※表側に糸が出ないように小さく縫う

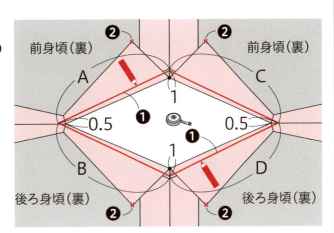

❸ 衿を A+B の寸法▲+ 2cm で裁ち、中表に二つ折りにして左右の端を縫う

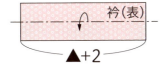 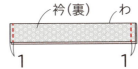

❹ 表に返してアイロンでととのえ、長辺を縫う

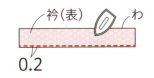

> もう1枚は C+D の寸法にあわせて同様

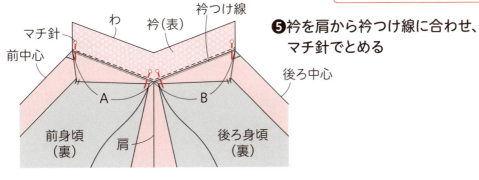

❺ 衿を肩から衿つけ線に合わせ、マチ針でとめる

❻ 身頃を表に返して、衿と身頃を縫い合わせる

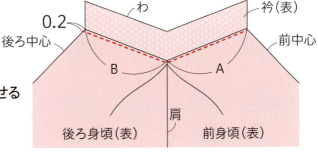

> 反対側の C+D も同様

5 袖を作る

はなやぎブラウス

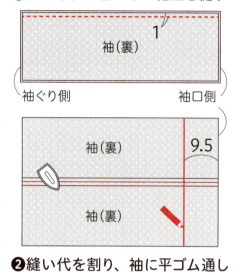

はなやぎブラウス 衿つき

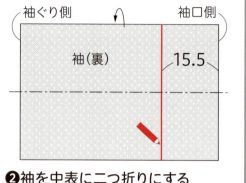

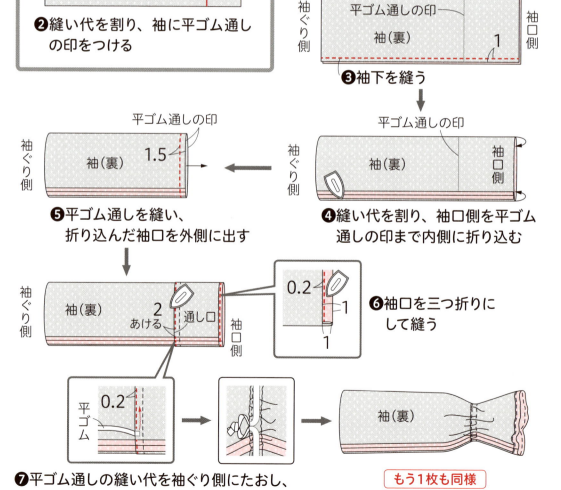

6 脇を縫い、袖をつける（P.34-6）

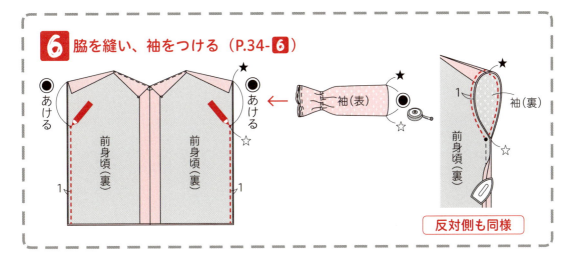

7 裾を縫う

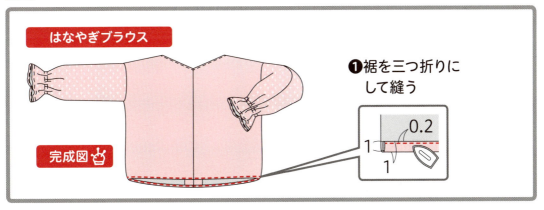

はなやぎブラウス
完成図
❶裾を三つ折りにして縫う

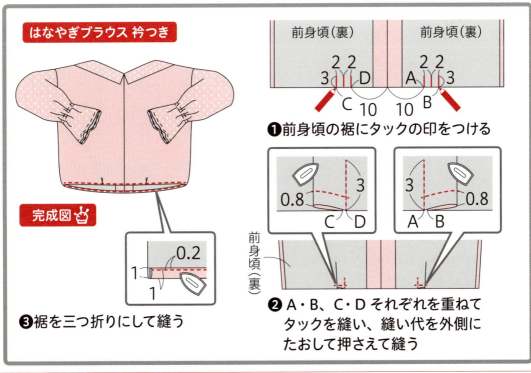

はなやぎブラウス 衿つき
完成図
❶前身頃の裾にタックの印をつける
❷A・B、C・Dそれぞれを重ねてタックを縫い、縫い代を外側にたおして押さえて縫う
❸裾を三つ折りにして縫う

Lesson 2　1枚の着物でセットアップ

※単位はcm
Zは着物幅（幅は着物によって異なる）
←→ 布のたて地の方向
〜〜〜 縁かがり縫い（裁ち図のみに記載）
----- 解説している縫い線
----- 縫い終えた線
●---- 縫い止まり
－・－ 中心線

ワイドパンツ

88

写真 P.10

材料
- 着物地
- 1.2cm幅の伸びどめテープ（片面アイロン接着 P.37）…適宜
- 2.5cm幅の平ゴム…適宜

裁ち図 ✂

後ろパンツ（2枚）
前パンツ（2枚）
95
Z

マチ

15 / 30 / 15
20 / 20
40

※裏に伸びどめテープ（P.37）を貼って◇に裁つ

パジャマパンツ
八掛・胴裏

80

写真 P.9

材料
- 着物地（※作品は上部パンツ…八掛、下部パンツ・マチ…胴裏）
- 1.2cm幅の伸びどめテープ（片面アイロン接着 P.37）…適宜
- 2.5cm幅の平ゴム…適宜

裁ち図 ✂

下部後ろパンツ（2枚）
下部前パンツ（2枚）
63
裾側
Z

上部後ろパンツ（2枚）
上部前パンツ（2枚）

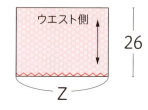

ウエスト側
26
Z

マチ

ワイドパンツと同様

マチに使う着物地がたりない場合

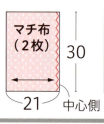

マチ布（2枚）
30
21
中心側

(裏)
1

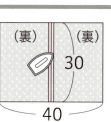

(裏) (裏)
30
40

※マチ布を中表に合わせて中心を縫い、縫い代を割り、マチを作る

作り方 ワイドパンツ・パジャマパンツ共通

1 パンツの中心とタックを縫う

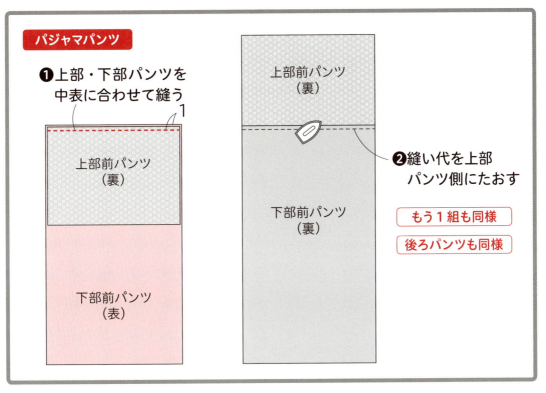

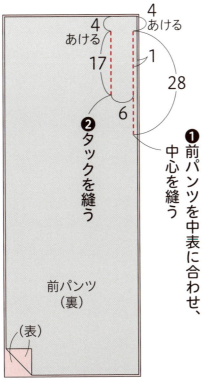

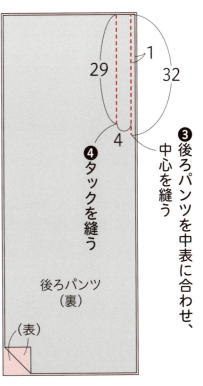

2 マチを縫いつける

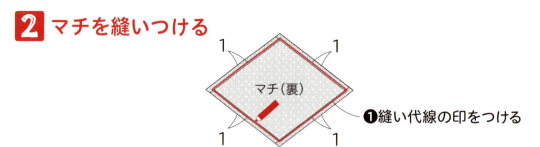

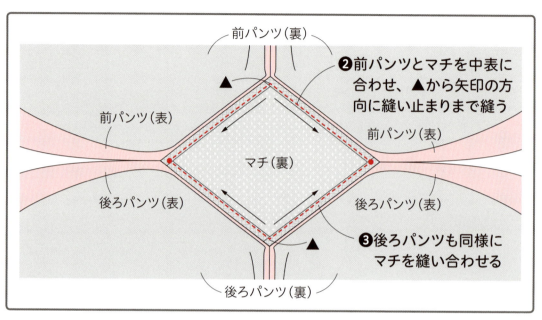

3 脇と中心のタックを縫う

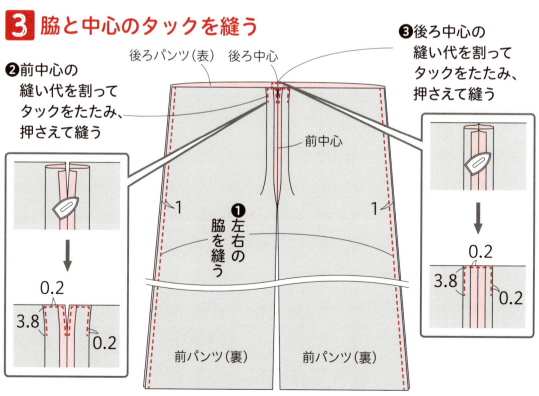

4 股下を縫う

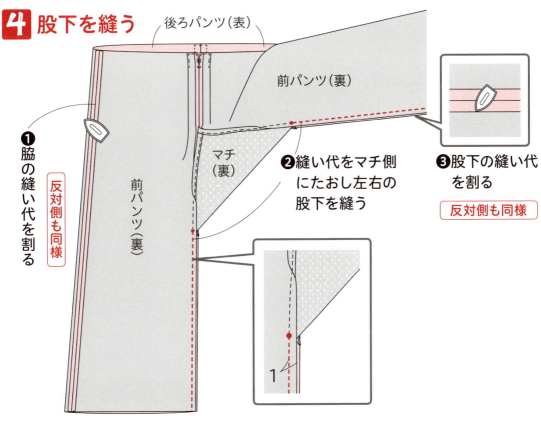

5 ウエストと裾を縫う

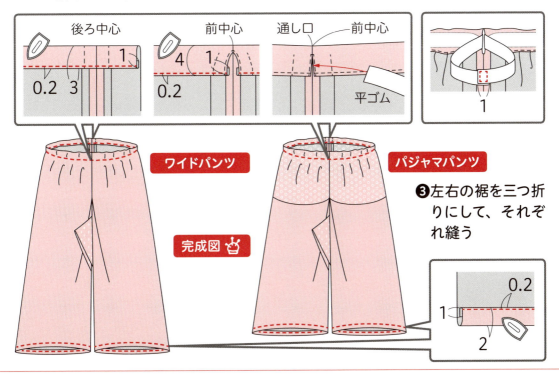

Lesson 2　1枚の着物でセットアップ

※単位はcm
Zは着物幅（幅は着物によって異なる）
→ 布のたて地の方向
〰〰 縁かがり縫い（裁ち図のみに記載）
------ 解説している縫い線
------ 縫い終えた線
● 縫い止まり
—・— 中心線

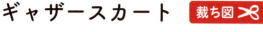

ギャザースカート

裁ち図 ✂

88

94

後ろスカート（2枚）
前スカート（2枚）

Z

写真 P.12

材料
- 着物地
- 2.5cm幅の平ゴム…適宜

作り方

1 スカートの中心を縫う

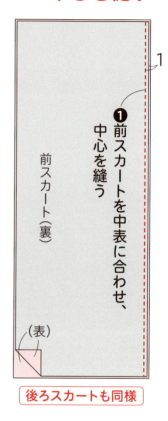

❶前スカートを中表に合わせ、中心を縫う

前スカート（裏）

（表）

1

後ろスカートも同様

2 スカートの脇を縫う

後ろスカート（表）

❶縫い代を割る
後ろスカートも同様

前スカート（裏）　前スカート（裏）

1　❷　1

1
12
2
3
2

❷前・後ろスカートを中表に合わせ、左右の脇を縫う

62

3 ウエストと裾を縫う

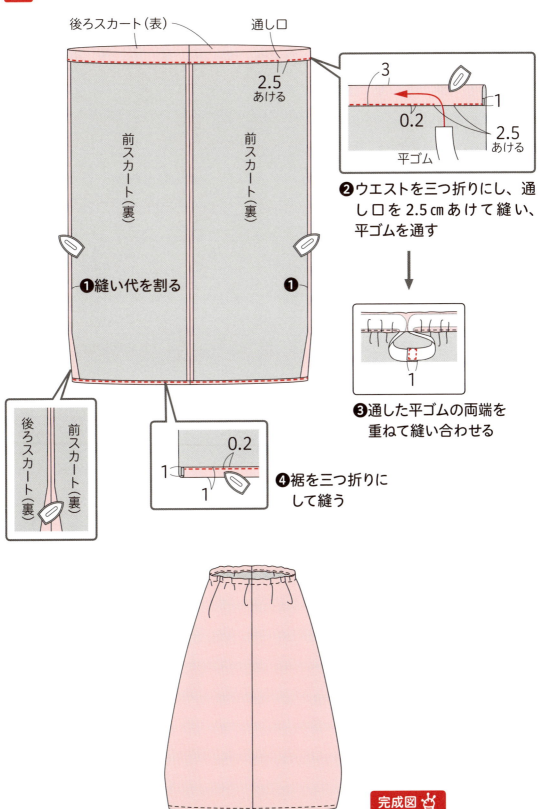

Lesson 2　1枚の着物でセットアップ

※単位はcm
Zは着物幅（幅は着物によって異なる）
⬌ 布のたて地の方向
∿∿ 縁かがり縫い（裁ち図のみに記載）
----- 解説している縫い線
----- 縫い終えた線
●--- 縫い止まり
—・— 中心線

ラップスカート・家紋ジャケット・家紋バッグ
黒留袖のセットアップの裁ち方・ほどき方

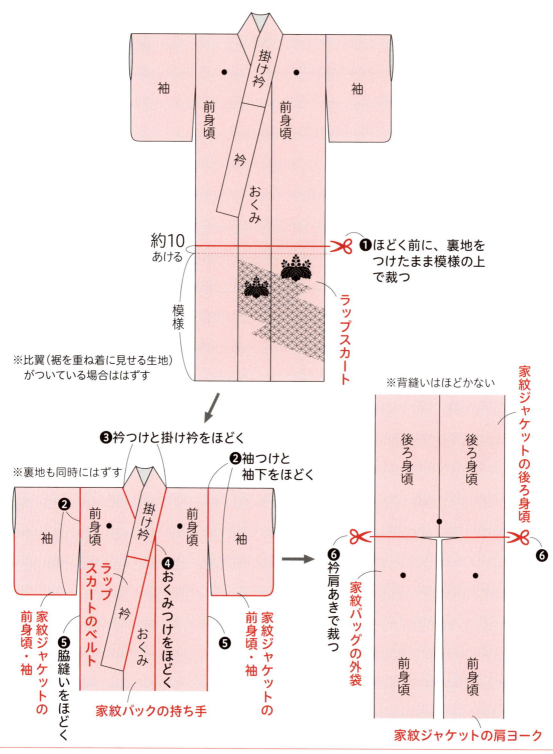

Lesson 2　1枚の着物でセットアップ

※単位はcm
Zは着物幅（幅は着物によって異なる）
← 布のたて地の方向
〜〜〜 縁かがり縫い（裁ち図のみに記載）
----- 解説している縫い線
──── 縫い終えた線
●── 縫い止まり
─・─ 中心線

ラップスカート

70

材料
- 着物地（裏地つき）
- 2.5cm幅の平ゴム…適宜

写真 P.14

裁ち図 ※裁つ前に P.64 参照

端縫い＋縁かがり縫い（裏地も一緒に縫う）

0.5

ウエスト側

スカート（裏地表）

裾側

作品は着物の裾から 68

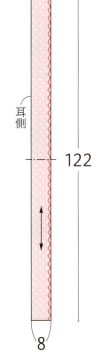

ベルト

耳側

122

8

作り方 1 スカートにスリット上の印をつける

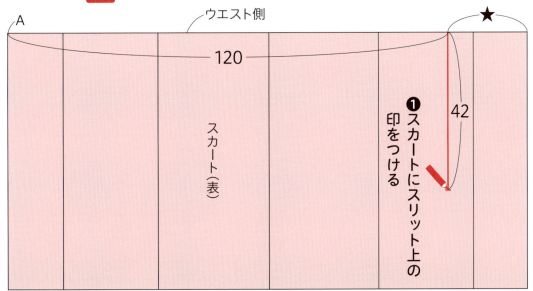

A

ウエスト側

120

★

スカート（表）

❶ スカートにスリット上の印をつける

42

65

2 スカートを縫う

❶ Aとスリット上の印を合わせ、
重なり★から縫い止まりまで表から縫う

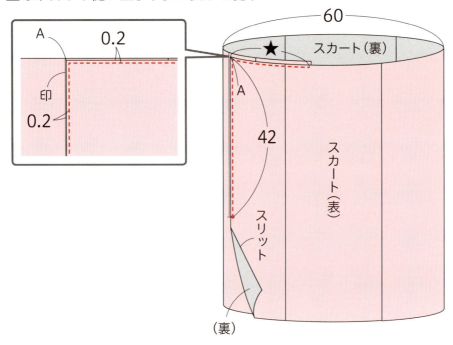

3 ベルトを作る

❶ベルトを中表に二つ折りにし、
通し口を2.5cmあけて縫う

❷縫い代を割り、
外表に二つ折りにする

❸端を縫う

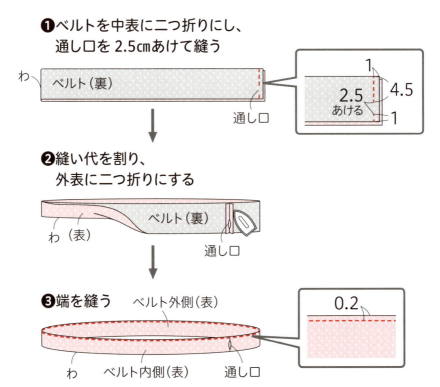

4 ベルトをスカートに縫い合わせる

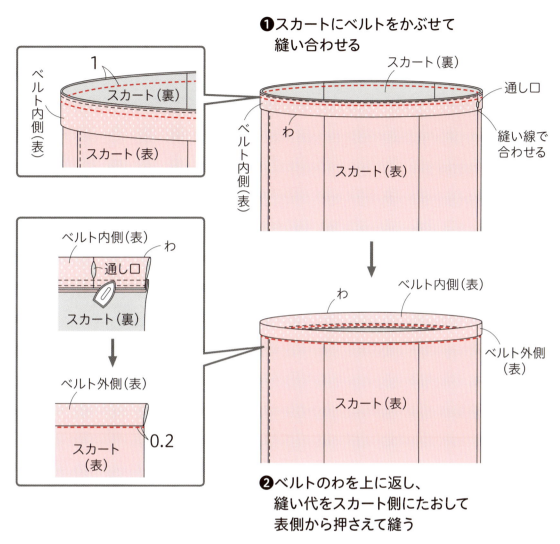

5 ベルトに平ゴムを通す

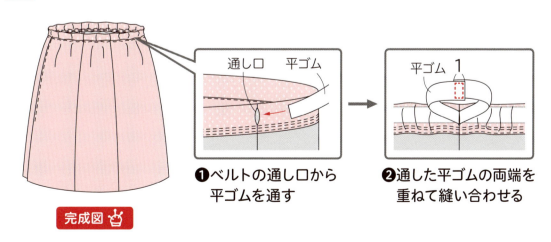

Lesson 2　1枚の着物でセットアップ

※単位はcm
Zは着物幅（幅は着物によって異なる）
⟵⟶ 布のたて地の方向
〰〰 縁かがり縫い（裁ち図のみに記載）
╌╌╌ 解説している縫い線
----- 縫い終えた線
●---- 縫い止まり
――― 中心線

家紋ジャケット

写真 P.14

材料
- 着物地
- 直径0.8cmのくるみスナップボタン…1組

MEMO
くるみスナップボタン
洋服の前をあけたときに目立ちにくい、薄い布でくるんだスナップボタン

裁ち図 ※裁つ前に P.64 参照

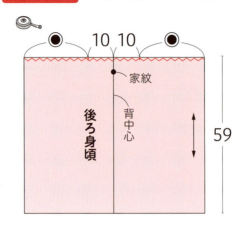

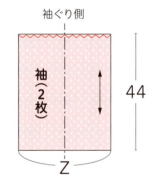

作り方

1 後ろ身頃の中心を縫う

❶後ろ身頃を中表に二つ折りにして、背中心の縫い目の上から重ねて縫う

2 肩ヨークを縫い、縫い代線の印をつける

❶肩ヨークの衿ぐり側を折って縫う

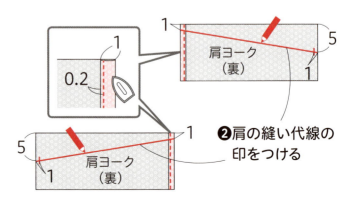

❷肩の縫い代線の印をつける

3 身頃と肩ヨークを縫い合わせ、衿ぐりを縫う

❶肩ヨークと後ろ身頃を中表に合わせ、縫い代線の印に沿って縫う

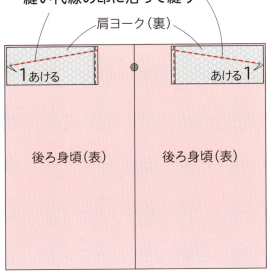

❷肩ヨークと前身頃を中表に合わせて縫う

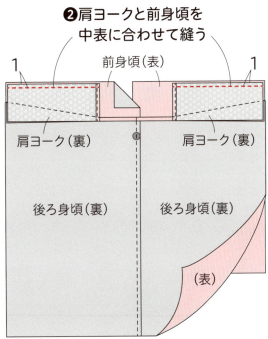

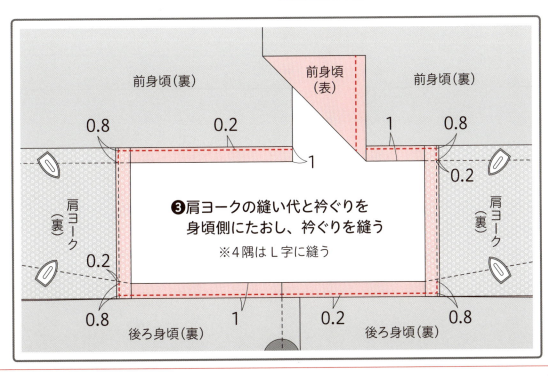

❸肩ヨークの縫い代と衿ぐりを身頃側にたおし、衿ぐりを縫う

※4隅はL字に縫う

4 前中央を縫う

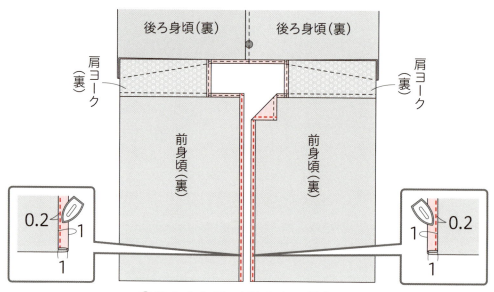

❶前中央を三つ折りにして縫う

5 袖を作る（P.36-5）

6 脇を縫い、袖をつける（P.34-6）

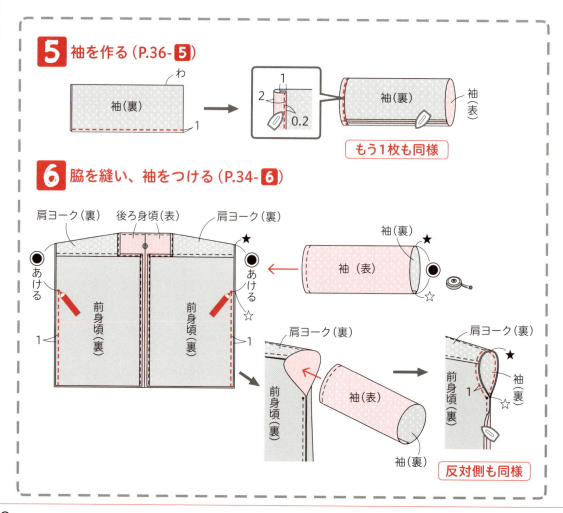

7 スナップボタンをつける

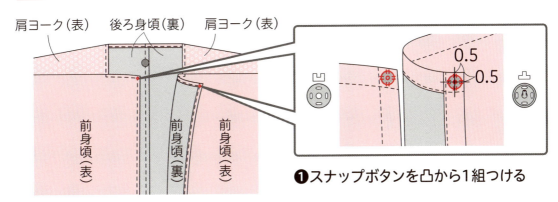

❶スナップボタンを凸から1組つける

スナップボタンのつけ方

※ここからマチ針省略

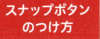  

①つけ位置の中心から少しはずして、1針すくう

②中央の穴にマチ針を通してとめ、縫い針をスナップボタンの穴に通す

③布を1針すくい、スナップボタンの穴に通す

④糸で輪を作り、下から針をくぐらせる工程を3～5回繰り返す

⑤布を1針すくって次の穴に移動し、③④を繰り返す

⑥縫い終わりの穴のきわに結び玉を作る

⑦結び玉をスナップボタンの下に入れて糸を切る

※凸をつけたあと、凹側の布を凸の上から押さえて跡をつけ、凹の位置を決める

8 裾を縫う

❶裾を三つ折りにして縫う

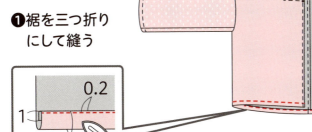

完成図

Lesson 2　1枚の着物でセットアップ

※単位はcm
Zは着物幅（幅は着物によって異なる）
→ 布のたて地の方向
〜〜〜 縁かがり縫い（裁ち図のみに記載）

----- 解説している縫い線
----- 縫い終えた線
●--- 縫い止まり
―・― 中心線

家紋バッグ

写真 P.15

材料
- 着物地
- 内袋用別布（綿）…裁ち図参照
- キルト芯（片面接着）…裁ち図参照

裁ち図 ※裁つ前に P.64 参照

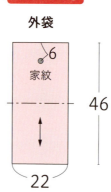

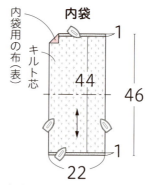

内袋と持ち手の布の裏に、キルト芯を合わせ、キルト芯の縁4辺約1cmをアイロンで接着

作り方

❶外袋を中表に二つ折りにして両端を縫う

❷両端の縫い代を割り、袋口を折る

❸外袋と同様に内袋を作る

❹外袋を表に返し、内袋を入れる

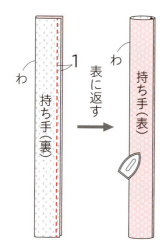

❺持ち手を中表に二つ折りにして長辺を縫い、表に返してアイロンでととのえる

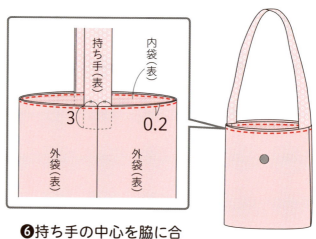

❻持ち手の中心を脇に合わせて外袋と内袋の間に挟み、袋口を縫う

完成図

Lesson 2　1枚の着物でセットアップ

※単位はcm
Zは着物幅（幅は着物によって異なる）
←→ 布のたて地の方向
〜〜〜 縁かがり縫い（裁ち図のみに記載）

---- 解説している縫い線
---- 縫い終えた線
●--- 縫い止まり
—・— 中心線

たゆみブラウス
胴裏

裁ち図 ✂

写真 P.15

材料
●着物地（作品は胴裏）

衿ぐり側
前身頃（2枚）
51
Z

肩ヨーク（2枚）
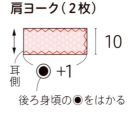
10
耳側　+1
後ろ身頃の●をはかる

後ろ身頃が
Z幅×2の場合

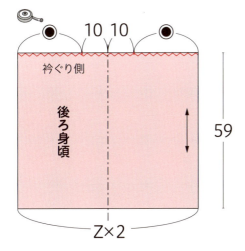

10　10
衿ぐり側
後ろ身頃
59
Z×2

後ろ身頃がZ幅で
はなれている場合

10
衿ぐり側
後ろ身頃（2枚）
59
Z

たゆみブラウス

作り方

1 後ろ身頃の中心とタックを縫う

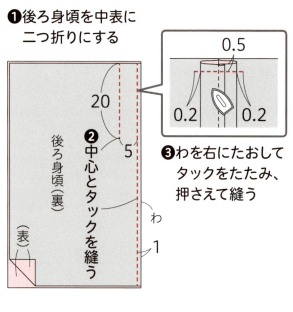
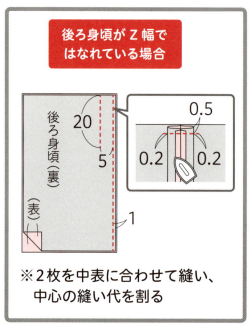

2 前身頃の中心を縫う

3 肩ヨークを縫い、縫い代線の印をつける

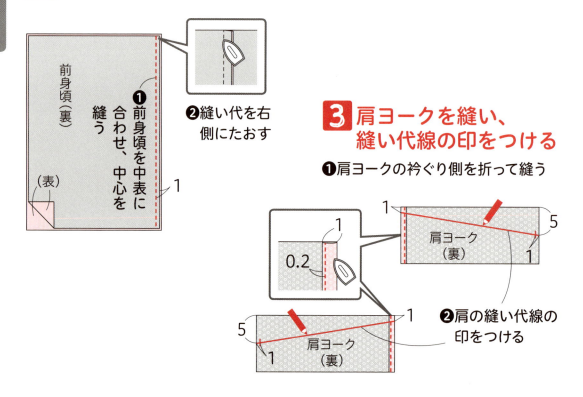

4 身頃と肩ヨークを縫い合わせ、衿ぐりを縫う（P.69-3）

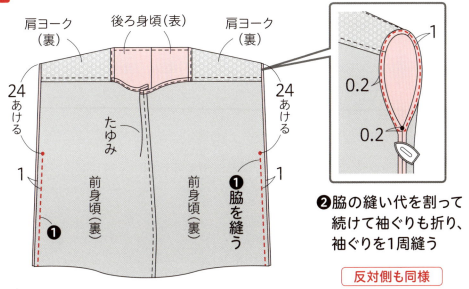

5 脇と袖ぐりを縫う

❶脇を縫う

❷脇の縫い代を割って続けて袖ぐりも折り、袖ぐりを1周縫う

反対側も同様

6 裾を縫う

❶裾を三つ折りにして縫う

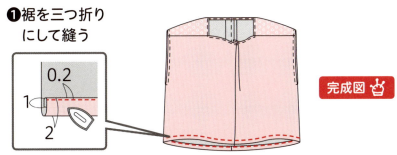

完成図

Lesson 3 　着物の種類別 リメイクアイデア

※単位はcm
Zは着物幅（幅は着物によって異なる）
←→ 布のたて地の方向
〜〜〜 縁かがり縫い（裁ち図のみに記載）
----- 解説している縫い線
----- 縫い終えた線
● 縫い止まり
— — 中心線

つむぎコート

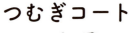

写真 P.16

材料
- 着物地
- 1.2cm幅の伸びどめテープ（片面アイロン接着 P.37）…適宜
- 直径1.4cmのくるみスナップボタン（P.68）…1組

裁ち図 ✂

衿ぐり側
後ろ身頃（2枚）
前身頃（2枚）
110
114
Z

袖ぐり側
上部袖（2枚）
54
Z

ポケット（2枚）
ポケット口側
耳側
22
Z/2

袖ぐり側
下部袖（2枚）
54
耳側
Z/2

作り方

1 後ろ身頃の中心とタックを縫う

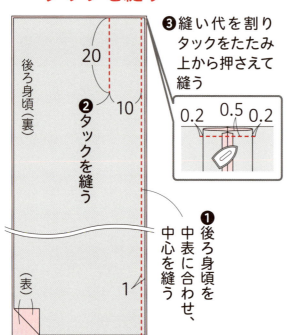

❸ 縫い代を割りタックをたたみ上から押さえて縫う
0.2　0.5　0.2
20
10
後ろ身頃（裏）
❷ タックを縫う
❶ 後ろ身頃を中表に合わせ、中心を縫う
（表）
1

2 前中央を縫う

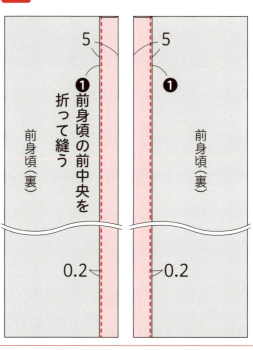

5　5
❶ 前身頃の前中央を折って縫う
❶
前身頃（裏）
前身頃（裏）
0.2　0.2

3 肩と後ろ衿ぐりを縫う

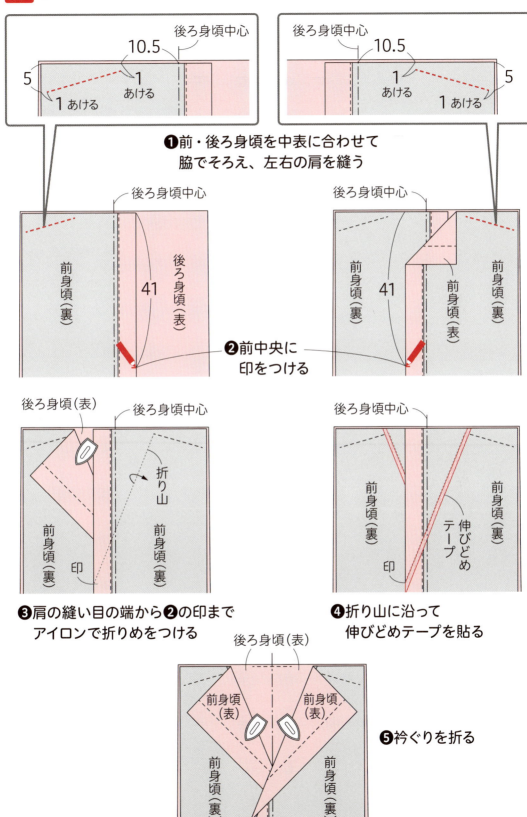

4 衿ぐりを縫う

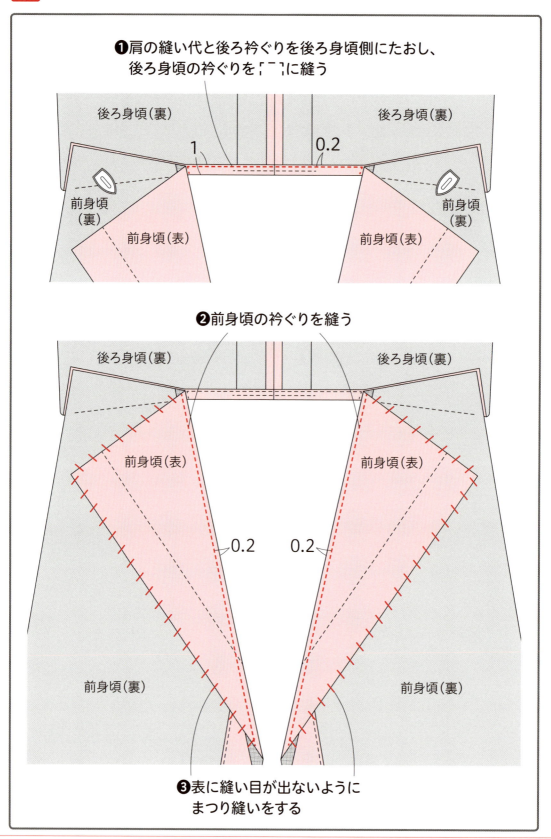

5 袖を作る

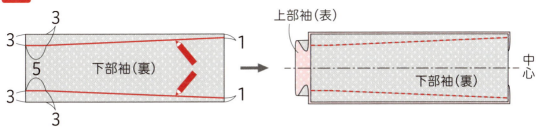

❶下部袖に縫い代線の印をつける

❷上部袖と下部袖を中表に合わせ、縫い代線の印に沿って縫う

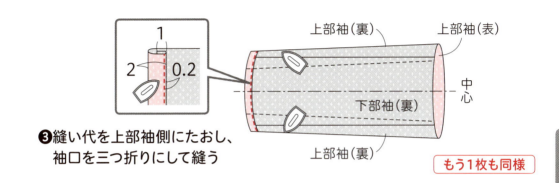

❸縫い代を上部袖側にたおし、袖口を三つ折りにして縫う

もう1枚も同様

6 脇を縫い、袖をつける（P.34-6）

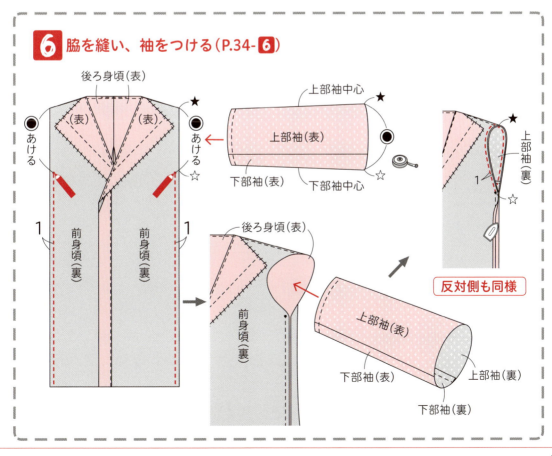

反対側も同様

7 ポケットをつける

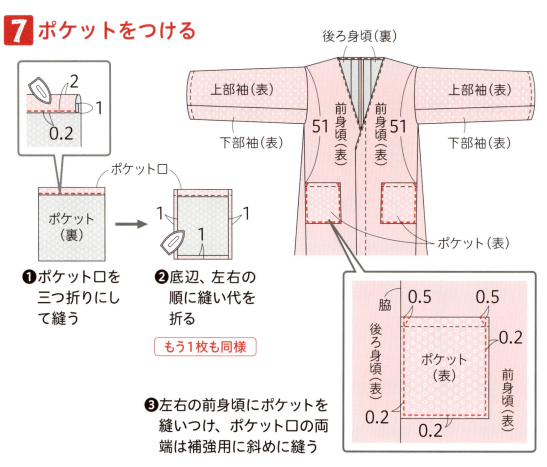

❶ポケット口を三つ折りにして縫う

❷底辺、左右の順に縫い代を折る

もう1枚も同様

❸左右の前身頃にポケットを縫いつけ、ポケット口の両端は補強用に斜めに縫う

8 スナップボタンをつけて、裾を縫う

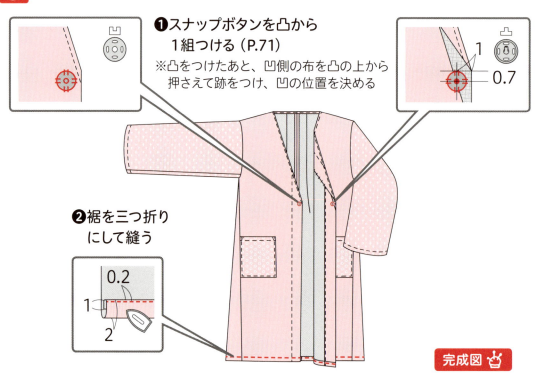

❶スナップボタンを凸から1組つける（P.71）
※凸をつけたあと、凹側の布を凸の上から押さえて跡をつけ、凹の位置を決める

❷裾を三つ折りにして縫う

完成図

Lesson 3　着物の種類別
　　　　　リメイクアイデア

※単位はcm
Zは着物幅（幅は着物によって異なる）
〜〜〜 縁かがり縫い（裁ち図のみに記載）
---- 解説している縫い線
---- 縫い終えた線
● 縫い止まり
—・— 中心線

つむぎパンツ
かさね

88

写真 P.17

材料
- 着物地
- 1.2cm幅の伸びどめテープ（片面アイロン接着 P.37）…適宜
- 2.5cm幅の平ゴム…適宜

裁ち図

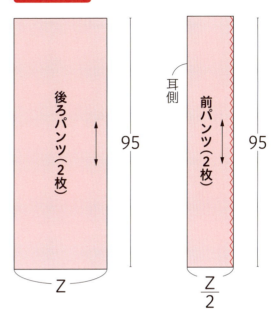

後ろパンツ（2枚）　95　　耳側　前パンツ（2枚）　95

Z　　　$\frac{Z}{2}$

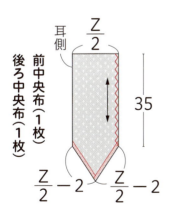

耳側　$\frac{Z}{2}$
前中央布（1枚）
後ろ中央布（1枚）　35

$\frac{Z}{2}-2$　$\frac{Z}{2}-2$

※裏に伸びどめテープ
　（P.37）を貼って
　斜めに裁つ

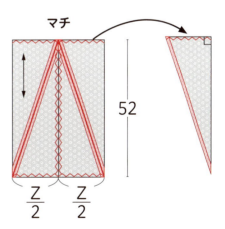

マチ　52

$\frac{Z}{2}$　$\frac{Z}{2}$

※裏に伸びどめテープ
　（P.37）を貼って
　4枚に裁つ

81

1 前・後ろ中央布とマチを縫う

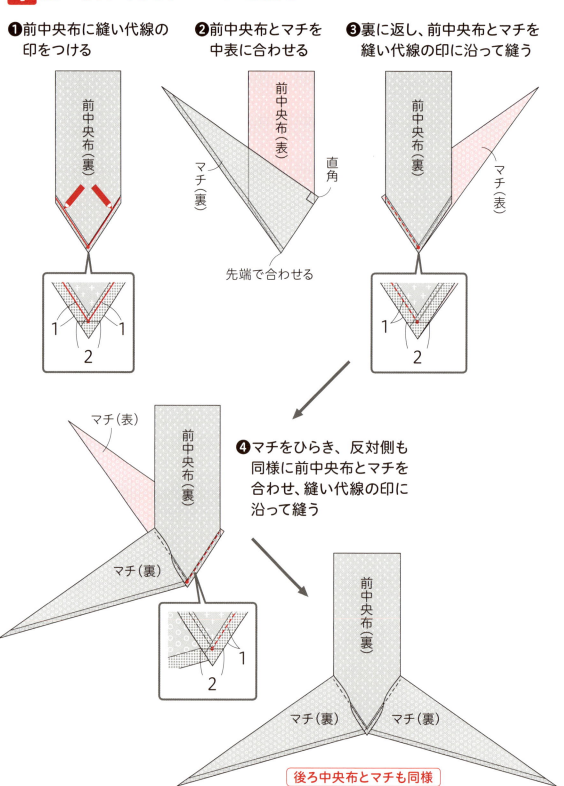

2 前・後ろ中央布とマチに、前・後ろパンツを縫い合わせる

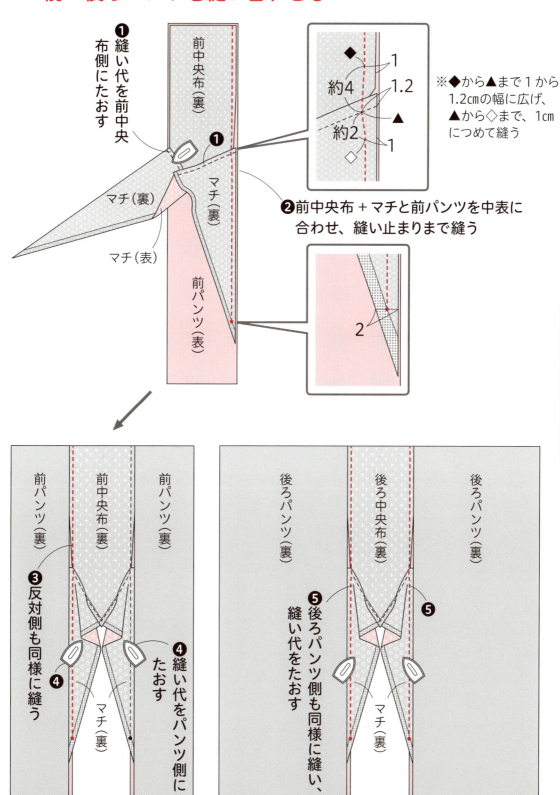

※◆から▲まで1から1.2cmの幅に広げ、▲から◇まで、1cmにつめて縫う

3 前・後ろパンツのウエストにタックを縫う

❶前中央布のA・Bを中表に合わせて裏側からタックを縫い、タックをたたむ

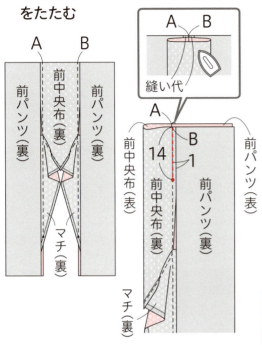

❷後ろ中央布のC・Dを中表に合わせてたたみ、表側からタックを縫う

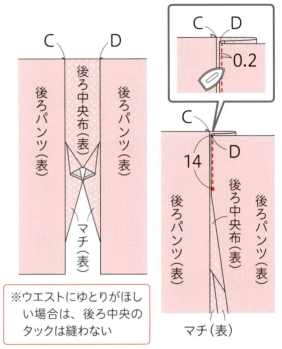

※ウエストにゆとりがほしい場合は、後ろ中央のタックは縫わない

4 脇を縫う

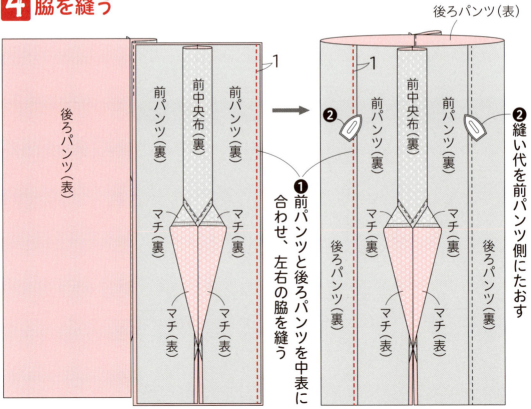

5 股下を縫う

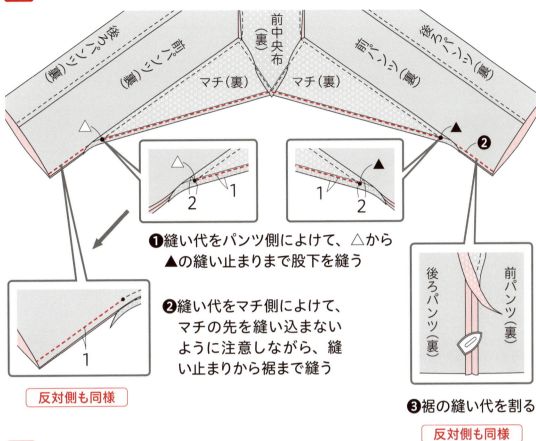

6 ウエストと裾を縫う

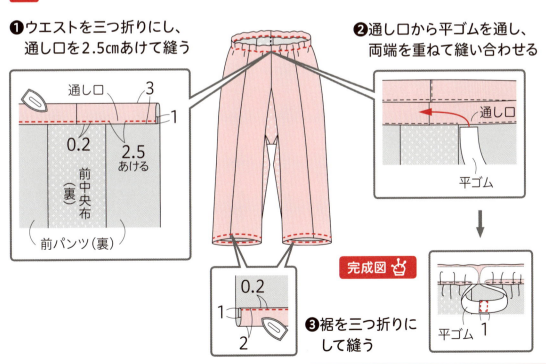

Lesson 3　着物の種類別
　　　　　リメイクアイデア

※単位はcm
Zは着物幅（幅は着物によって異なる）
←→ 布のたて地の方向
〰〰 縁かがり縫い（裁ち図のみに記載）

----- 解説している縫い線
----- 縫い終えた線
●---- 縫い止まり
---- 中心線

はおりベスト

後染め 表ショート丈

写真 P.18

材料
- 着物地
- 1.2cm幅の伸びどめテープ（片面アイロン接着 P.37）…適宜
- 0.8cm幅の平ゴム …14cm×2本
- 好みのデザインのチャイニーズボタン（作品は直径3cm）…1組

裁ち図 ✂

前身頃（2枚） 衿ぐり側 68 / 64 Z

後ろ身頃 衿ぐり側 72 Z

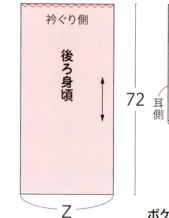

脇布（2枚） 耳側 44 Z/2

肩ヨーク（2枚） 耳側 10 / 10

ポケット（2枚） ポケット口側 耳側 22 Z/2

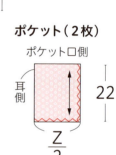

後染め 裏ロング丈

写真 P.19

材料
- 着物地
- 1.2cm幅の伸びどめテープ（片面アイロン接着 P.37）…適宜
- 0.8cm幅の平ゴム …14cm×2本

裁ち図 ✂

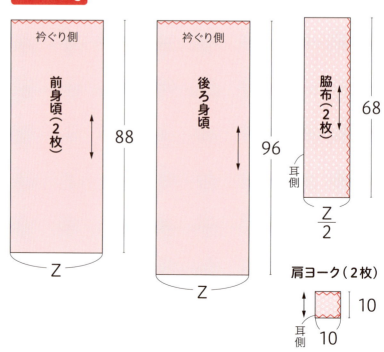

前身頃（2枚） 衿ぐり側 92 / 88 Z

後ろ身頃 衿ぐり側 96 Z

脇布（2枚） 耳側 68 Z/2

肩ヨーク（2枚） 耳側 10 / 10

| 作り方 | 表ショート丈・裏ロング丈共通 |

1 肩ヨークを縫う

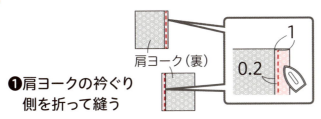

2 身頃と肩ヨークを縫い合わせる

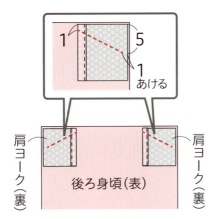
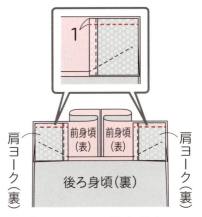

3 後ろ衿ぐりと前身頃の上辺を縫う

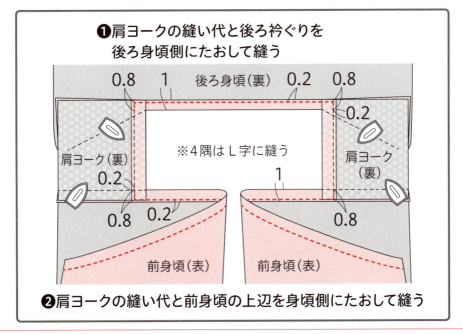

4 脇布を縫う

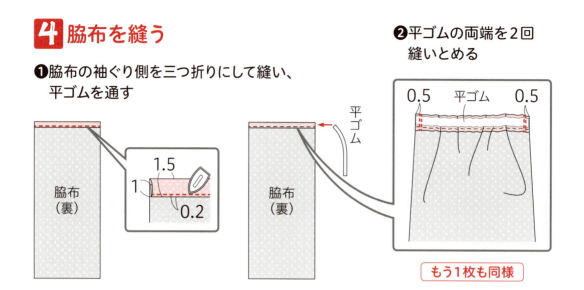

5 脇布と身頃を縫い合わせ、袖ぐりを縫う

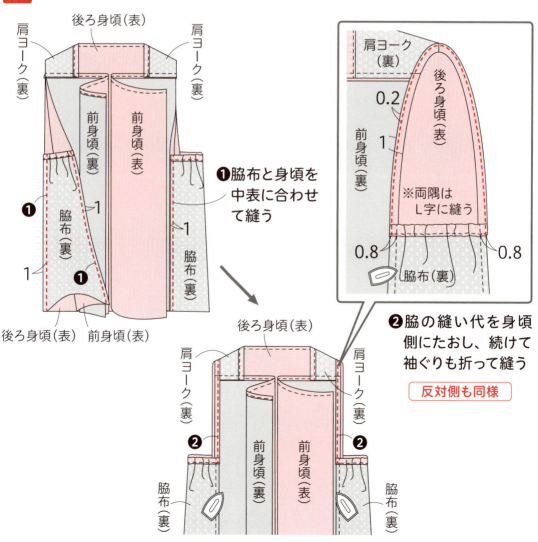

6 裾と前中央を縫う

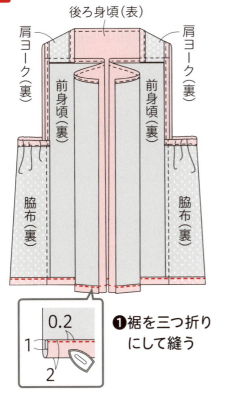

❶裾を三つ折りにして縫う

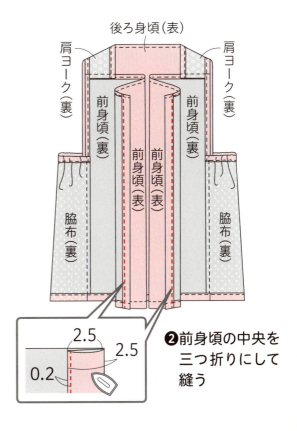

❷前身頃の中央を三つ折りにして縫う

7 衿ぐりを折る

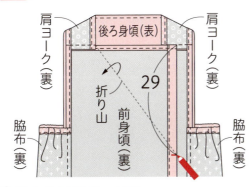

❶前中央に印をつける

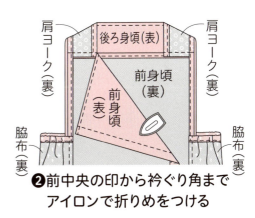

❷前中央の印から衿ぐり角までアイロンで折りめをつける

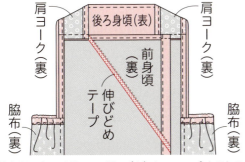

❸折り山に沿って伸びどめテープを貼る

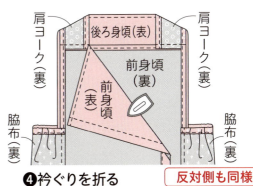

❹衿ぐりを折る

反対側も同様

8 前衿ぐりを縫う

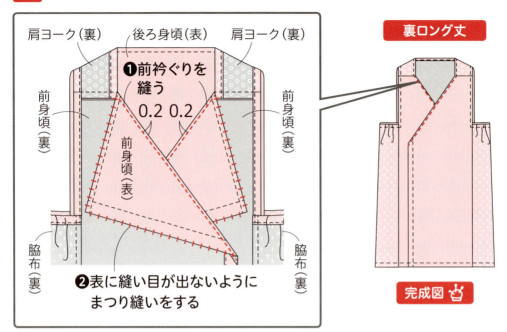

9 ポケットとボタンをつける

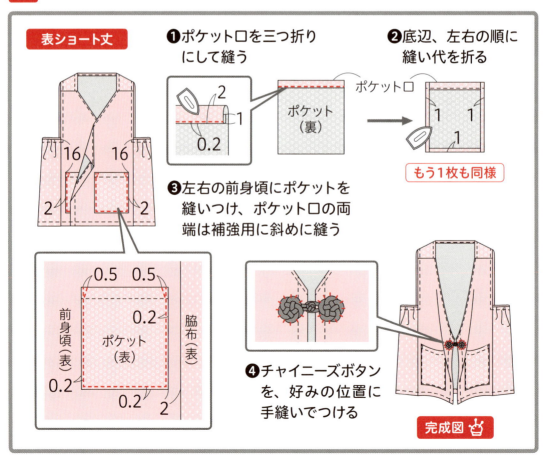

Lesson 3 　着物の種類別
　　　　　　　リメイクアイデア

※単位はcm
Zは着物幅（幅は着物によって異なる）
⟷ 布のたて地の方向
〰 縁かがり縫い（裁ち図のみに記載）
--- 解説している縫い線
--- 縫い終えた線
●--- 縫止まり
—・— 中心線

ストライプローブ

たて縞
ロング丈

写真 P.20

材料
- 着物地
- 1.2cm幅の伸びどめテープ（片面アイロン接着 P.37）…適宜
- リボン…70cm × 2本

裁ち図

前身頃（2枚）　衿ぐり側　42　Z
スカート（5枚）　ウエスト側　74　Z
後ろ身頃（3枚）　耳側　42　Z/2

よこ縞
袖つきショート丈

写真 P.21

材料
- 着物地
- 1.2cm幅の伸びどめテープ（片面アイロン接着 P.37）…適宜
- 直径0.8cmのスナップボタン…1組

※Z＝36cmの場合　51

裁ち図

前身頃（2枚）　衿ぐり側　36　Z
後ろ身頃　衿ぐり側　50　Z
上部袖（2枚）　42　Z
下部袖（2枚）　耳側　42　Z/2
裾フリル　耳側　136　Z/2

91

作り方 たて縞ロング丈・よこ縞袖つきショート丈共通

1 前身頃の衿ぐりを縫う

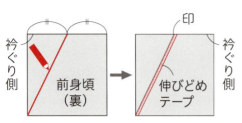

❶前身頃に衿ぐりの印をつけ、印に沿って伸びどめテープを貼る

もう1枚も左右対称に同様

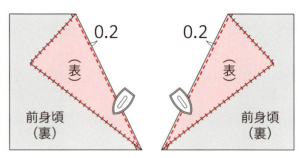

❷衿ぐりを折って縫い、折り返しは表に縫い目が出ないようにまつり縫いをする

2 後ろ身頃を縫う

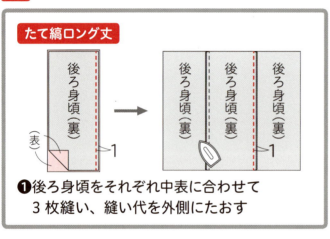

❶後ろ身頃をそれぞれ中表に合わせて3枚縫い、縫い代を外側にたおす

3 肩と後ろ衿ぐりを縫う

❶前・後ろ身頃を中表に合わせて脇でそろえ、左右の肩を縫う

❷肩の縫い代と後ろ衿ぐりを後ろ身頃側にたおして縫う

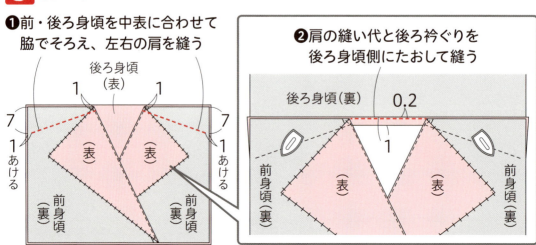

よこ縞袖つきショート丈

4 袖を作り、タックを縫う（P.33-5）

5 脇を縫い、袖をつける（P.34-6）

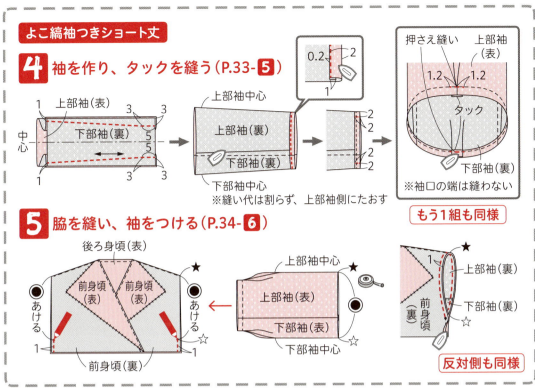

たて縞ロング丈

4 脇と袖ぐりを縫う（P.75-5）

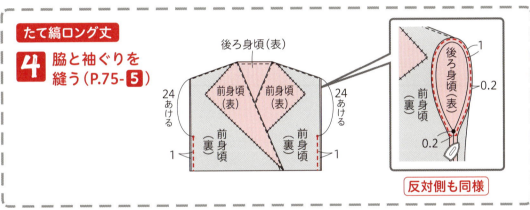

たて縞ロング丈

5 スカートを縫う

❶ スカートをそれぞれ中表に合わせて5枚縫い、縫い代を割る

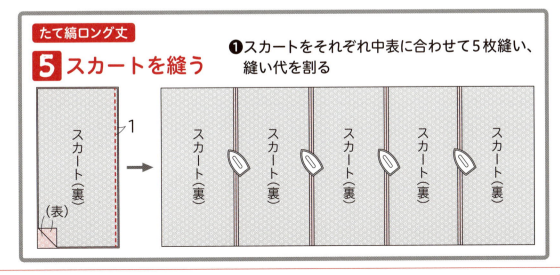

6 裾フリル・スカートのギャザーをよせて身頃と縫い合わせる

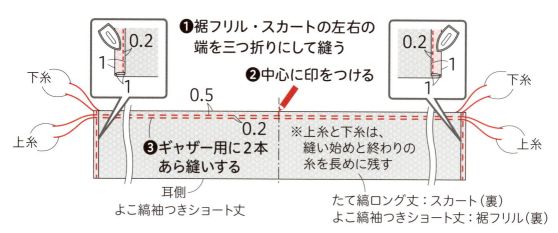

❶裾フリル・スカートの左右の端を三つ折りにして縫う
❷中心に印をつける
❸ギャザー用に2本あら縫いする
※上糸と下糸は、縫い始めと終わりの糸を長めに残す

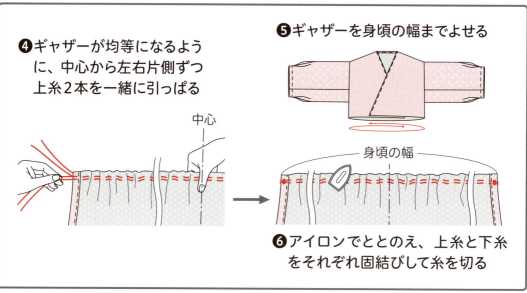

❹ギャザーが均等になるように、中心から左右片側ずつ上糸2本を一緒に引っぱる
❺ギャザーを身頃の幅までよせる
❻アイロンでととのえ、上糸と下糸をそれぞれ固結びして糸を切る

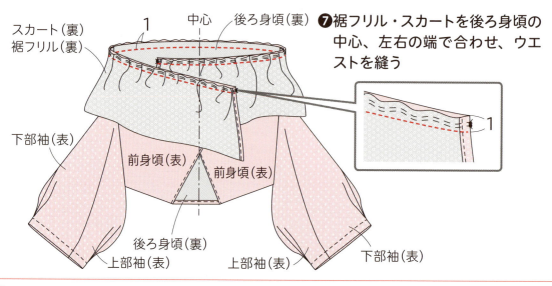

❼裾フリル・スカートを後ろ身頃の中心、左右の端で合わせ、ウエストを縫う

7 スナップボタン・リボンをつけ、裾を縫う

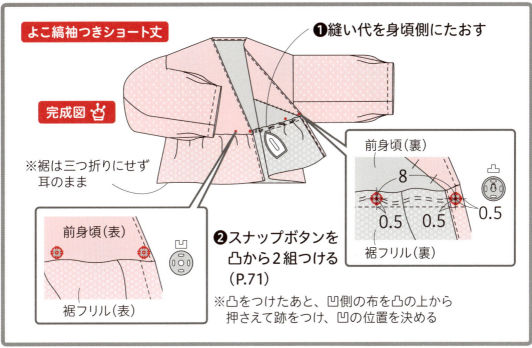

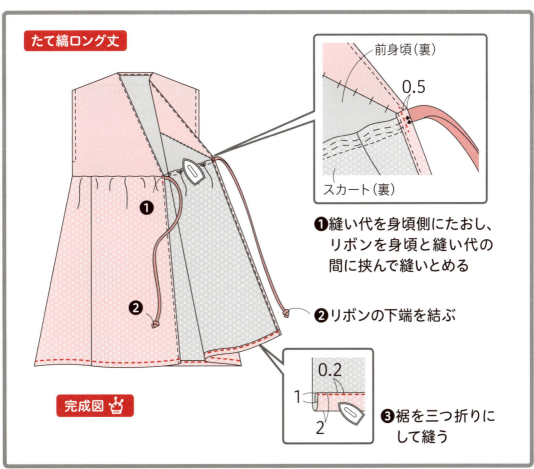

松下純子（まつした・じゅんこ）

大学を卒業後、水着のパタンナーを経て、2005年にWrap Around R.（ラップアラウンドローブ）を立ち上げる。「着物の色や柄、反物の幅をいかした、今の暮らしにあった服作り」をコンセプトにした作品は、幅広い年代に支持され、テレビや雑誌などで幅広く活動中。大阪市内にあるアトリエRojiroom（ロジルーム）では、着物のリメイク教室やワークショップを開催するほか、着物地やオリジナルパーツなどの販売も行っている。著書に『いちばんやさしい着物リメイク』『型紙いらずのまっすぐ縫い 着物リメイクで大人服、子ども服』（以上、PHP研究所）、『型紙いらずの着物リメイク 羽織と帯でつくるワードローブ』『型紙いらずのまっすぐ縫い いちばんやさしい洋服づくりの教科書』（以上、河出書房新社）など多数。

Wrap Around R. ホームページ　http://w-a-robe.com

Staff

撮影
木村正史

ブックデザイン・製図
堤　淳子

スタイリング
楠田英紀

ヘアメイク
駒井麻未

モデル
ノエ (NAME MANAGEMENT)

縫製アシスタント
清水真弓、阪本真美子

作り方DTP
朝日メディアインターナショナル株式会社

校正協力
株式会社ぷれす

編集・作り方原稿
キムラミワコ

1枚の着物から2着できる いちばんやさしい着物リメイク

2019年9月18日　第1版第1刷発行

著　者　松下純子
発行者　安藤　卓
発行所　株式会社PHP研究所
　　　　京都本部　〒601-8411　京都市南区西九条北ノ内町11
　　　　〈内容のお問い合わせは〉教育出版部 ☎ 075-681-8732
　　　　〈購入のお問い合わせは〉普及グループ ☎ 075-681-8554
印刷所　図書印刷株式会社

©Junko Matsushita 2019 Printed in Japan　　ISBN978-4-569-84462-6
※本書の無断複製（コピー・スキャン・デジタル化等）は著作権法で認められた場合を除き、禁じられています。また、本書を代行業者等に依頼してスキャンやデジタル化することは、いかなる場合でも認められておりません。
※落丁・乱丁本の場合は、送料弊社負担にてお取り替えいたします。